HAVRUTA

말하는 독서 하브루타 교사 가이드북

양동일, 진은혜, 이천하 지음

한국
하브루타
연합회
추천도서

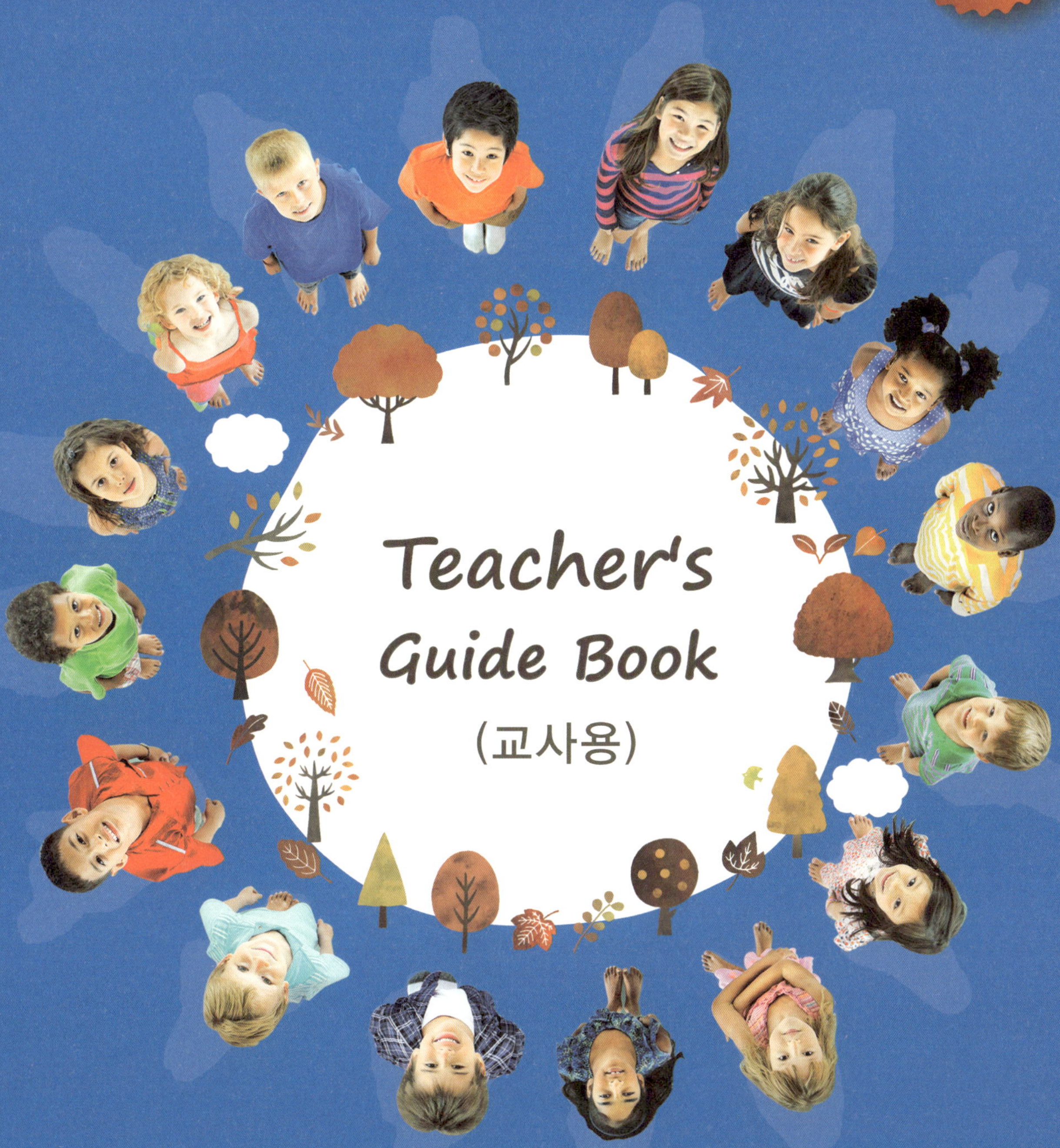

Teacher's
Guide Book
(교사용)

㈜생각나무

하브루타,
친구를 돕는 공부!

우정을 쌓고
협력하고
연합하는 공부!

목 차

추천사		08
들어가며		12

제1장 하브루타 워크북 개요
1. 하브루타의 철학 … 16
2. 하브루타의 비전 … 17
3. 하브루타의 방법 … 18
4. 하브루타 학습의 이론 … 19
5. 하브루타 학습의 실제 … 22
6. 읽기와 경청하기 … 23
7. 질문하기와 마주하기 … 25
8. 해석하기와 마주하기 … 26
9. 반사하기와 공감하기 … 28
10. 지지하기와 도움 주기 … 29
11. 도전하기와 도움 주기 … 31
12. 촉진하기와 도움 주기 … 33

제2장 단계별 학습 주안점
효과적인 하브루타 학습 꿀팁 … 36
짝꿍의 대화습관 알아보기 … 40
하브루타 진행순서 … 41
1. 경청하기 … 43
2. 질문하기 … 45
3. 해석하기 … 48
4. 반사하기 … 49
5. 지지하기 … 50
6. 도전하기 … 51
정 리 … 52
촉진하기 … 53

제3장 질문과 해석의 예시 및 쉬우르
1. 제1권 친절천사의 제안 … 56
2. 제2권 왕명을 어긴 이유 … 72
3. 제3권 절망하지 않은 이유 … 88
4. 제4권 그릇 안에 담긴 술 … 104
5. 제5권 병든 사자의 깨달음 … 120

추천사

이성렬회장(한국하브루타연합회, 전 벌교고등학교장)

"친구를 도우며 우정을 쌓고, 서로 연합하고 협력하여 보다 나은 세상을 만든다."

평소 양동일선생님이 입이 마르도록 부르짖는 아름다운 미래이며 하브루타가 꿈꾸는 세상입니다. 우리 모두가 이런 철학과 비전으로 살아간다면 얼마나 멋진 세상이 만들어질까요? 상상만 해도 가슴이 벅차오름을 느낍니다.

한국의 하브루타 확산 및 발전의 핵심 축을 담당하고 있는 양동일선생님이 진은혜선생님, 이천하선생님과 공저한 이번 저서는 하브루타의 철학과 비전을 명확히 제시하고, 하브루타의 방법, 하브루타의 학습 이론과 그 실제에 대하여 지금까지 나온 어떤 책보다도 구체적으로 수록하고 있습니다. 이번에 출간하는 교사용 가이드북은 그동안 하브루타에 매력을 느껴 실천하고 싶지만 아직 익숙하지 않아 워크북만 가지고는 제대로 이해할 수 없었던 분들에게 오아시스와 같은 책입니다.

양동일선생님은 전성수교수님의 한국형 하브루타 수업 모형과 랍비이자 이스라엘 바일란대학 교수인 엘리 홀저 박사님의 하브루타 본문 학습 모델을 통합했습니다. 하브루타 학습에서 경청하기, 질문하기, 해석하기, 반사하기, 지지하기, 도전하기의 여섯 단계로 차근차근 활동할 수 있도록 집필한 한국 최초의 하브루타 워크북 제작은 한국 하브루타를 몇 단계 업그레이드시킨 놀라운 쾌거였습니다.

부모나 교사 등 진행자들이 하브루타 수업을 할 때, 여러 가지 활동의 의미와 진행 방법에 대해 상세히 설명하고 있습니다. 각 단계별로 진행자가 어떤 점에 유의하고, 학습자로 하여금 어떻게 활동하게 할 것인지 자세한 해설서가 나와서 본서의 출간은 교육 현장에 매우 의미 있는 반갑고 기쁜 일이 아닐 수 없습니다.

특히 지지하기와 도전하기에 이어서 '촉진하기'는 지금까지 한국에 소개되지 않았던 내용으로, 정교한 매뉴얼을 제시하여 토론자들이 토론을 즐기도록 하며 촉진자로서 가슴 떨리는 경험을 할 수 있도록 도와주는 탁월한 방법입니다.

앞서 출간된 〈말하는 독서 하브루타〉 워크북(레벨1~5)의 본문을 가지고 다양한 내용·사실 질문과 심화·상상 질문의 예시, 해석하기의 예시 등 그동안 다양한 계층의 학습자들과 함께 했던 수업 결과를 바탕으로 매우 풍부한 교수용 지도서가 탄생한 것을 진심으로 환영하며 축하드립니다.

추천사

김정완 소장(탈무드원전연구소)

    2012년 한국에 최초로 하브루타가 소개된 이후 하브루타에 관한 책들이 거의 매달 한 권 이상씩 끊임없이 출간되고 있습니다. 그 사이 하브루타가 어느덧 교육 현장에 뿌리를 내리고, 활용 면에서 풍성한 열매를 맺는 경우도 정말 많이 보았습니다.

    그도 그럴 것이 하브루타는 전천후 학습법이면서도 특별히 비용이 들거나 큰 노력이 드는 것도 아닙니다. 하지만 그 효과는 엄청납니다. 하브루타는 말로 하는 공부입니다. 입을 활용하기 때문에 가장 쉽고도 효율적인 학습법이라는 것이 수많은 학술 논문들이나 뇌과학적으로도 충분히 밝혀졌습니다. 이제 하브루타를 활용하는 일만 남았습니다. 너무 쉽기 때문에 학교와 가정에서 뿐만 아니라, 사람이 모인 곳이면 언제 어디서든 활용이 가능합니다.

    그런데 하브루타를 즐겁게 만끽하기 위해서 거기에 걸맞는 교재가 있으면 좋겠다는 바람이 항상 있었습니다. 다행히 양동일선생님이 1년 전에 우리에게 친숙한 탈무드 이야기를 가지고 학습자용 교재를 제작했으며 이제 그것을 제대로 활용할 수 있는 교사용 가이드북을 만들었다고 해서 얼마나 기뻤는지 모릅니다.

    이 교사용 가이드북에는 각 단계마다 필요한 조언들이 가득합니다. 하브루타를 전혀 해본 적이 없는 교사나 부모도 쉽게 따라할 수 있도록 각 순서마다 상당히 자세한 설명을 붙여놓았습니다.

    특히 의사소통이라는 관점에서 하브루타가 가지는 매력은 참으로 대단하다고 말할 수 있습니다. 공감소통 대화를 하자고 늘 이야기하지만 그것을 배우는 것은 결코 쉽지 않습니다. 특히 교재화하기는 더욱 어렵습니다. 그런데도 이 교재는 탈무드 이야기를 가지고 스텝 바이 스텝(Step by Step)으로, 마치 율동을 배울 때 구분 동작과 같이 매우 세밀하게 조직적으로 따라할 수 있게 구성되어 대단히 유용합니다.

    〈말하는 독서 하브루타 교사 가이드북〉은 가정에서 자녀들과 함께 해도 전혀 부족함이 없을 정도로 친절합니다. 저는 개인적으로 이 매뉴얼이 하브루타의 대중화에 더욱 크게 기여할 것으로 기대하고 있습니다. 좋은 책을 만들어 주신 양동일 선생님, 진은혜선생님, 이천하선생님께 심심한 감사를 드리고 이 교재를 이용하는 독자들에게도 항상 행운이 깃들기를 기원합니다.

추천사

민형덕 외래교수 (목포대 교육학과)

    4차 산업혁명 시대의 창의융합형 미래 인재가 되려면 독서력과 질문력을 통해 지식 정보력과 콘텐츠 생산력을 길러야 합니다. 창의를 통해 창의적 사고력과 창의적 혁신력을 키우며, 토론과 논쟁을 통해 의사소통능력과 비판적 사고력을 향상시켜야 합니다. 그리고 인성과 인간관계를 통해 공동체 정신을 갖추는 협업능력을 증진시키며, '생각하고 질문하고 대화하고 실천하는' 과정을 끊임없이 반복하면서 사고의 확장 뿐만 아니라 실력과 좋은 성품을 겸비한 사람이 되어야 합니다.

    최근 강조되고 있는 미래 인재의 핵심역량 6C는 창의력(Creativity), 비판적 사고력(Critical Thinking), 호기심(Curiosity), 의사소통능력(Communication), 협업능력(Collaboration), 컴퓨팅 사고력(Computational Thinking)을 말합니다. 이 6C는 서로 긴밀하게 상호 연결되어 있습니다. 개인이 혼자서 역량을 갖추는 것이 아니라 서로 연합하여 상호작용하는 가운데 길러야 합니다. 상호작용의 시작은 타인과 대화하는 것이며, 그 시작은 '질문하기' 입니다.

    '질문을 멈추지 않는 것이 가장 중요하다. 호기심은 그 나름의 존재 이유가 있다' 라고 말한 알버트 아인슈타인은 '끊임없이 질문하는 힘'을 강조했습니다. 그는 어렸을 때부터 자신에게 질문하는 습관이 있었다고 합니다.

    2015 개정 교육과정 이후 교과서가 바뀌기 시작했습니다. 기존 교과서에는 질문에 답을 하도록 되어 있었다면 이제는 어떻게 하면 질문하는 능력을 기를 수 있을까 하는 고민이 역력히 드러나 있습니다. 패러다임이 달라진 것입니다. 대단한 변화라 아니할 수 없습니다. 기존에 글을 읽고 '글 속의 인물은 어떤 생각과 느낌을 가질까요?' 라고 물었다면 지금의 교과서에서는 '책을 읽고 무엇을 느꼈는지 묻는 질문을 만들어 보세요.' 라고 제시되어 있습니다. 문제를 푸는 방식에서 문제를 만들어 내는 방식으로 바뀐 것입니다.

    많은 전문가들은 앞으로 인간의 경쟁 대상자가 더 이상 인간이 아니고 인공지능이 될 것이라 말합니다. 미래에 기계가 가장 마지막으로 답습할 능력으로 이 질문하는 능력을 꼽았습니다. 질문력을 갖춘다면, 기계와 공존하며 살아갈 시대에 또 하나의 경쟁력을 갖추게 되는 셈입니다.

〈말하는 독서 하브루타 교사 가이드북〉은 질문을 매개로 몇 단계 향상된 과정이 포함되어 있습니다. 수년 동안 공부하고 연습해야 할 학습법과 대화법을 포괄적인 의사소통방법으로 이끌어 낸 것입니다. 나의 입장에서 배우고 익히는 의사소통이 아니라 상대의 입장에서 성장과 성숙을 도와주는 수준 높은 교재입니다.

마틴 부버는 평생 '대화의 삶'을 옹호하고 '모든 참된 삶은 만남에 있다'고 가르쳤습니다. '대화의 철학자'라 불린 그는 대화를 통해 서로를 이해하고 진실한 관계 속에서 신뢰를 이루며 설령 각자 상대와 반대 입장에 있을지라도 상대를 '함께 사는 인간'으로 마음으로 수용해야 한다고 말합니다. 그렇듯이 이 〈말하는 독서 하브루타 교사 가이드북〉은 우리를 그런 세계로 안내하고 이끌어 줄 것입니다.

'말모이'라는 영화는 '한 사람의 열 걸음보다 열 사람의 한 걸음이 크다'와 '사람이 모이면 말이 모이고, 말이 모이면 뜻이 모인다.'라는 내용을 담고 있습니다. 아무리 똑똑하고 잘났어도 혼자서는 멀리 갈 수 없습니다. 실제로 사람들은 경쟁적 상황보다 협력적 상황을 더 좋아하고 행복해 합니다. 협력과 공존에서 기쁨을 느끼기 때문입니다.

양동일선생님은 저의 오랜 하베르(친구)입니다. 처음 하브루타에 입문했을 때부터 지금까지 끊임없이 서로를 지지하고 응원하고 격려합니다. 때로는 격한 논쟁도 합니다. 그러면서 서로에게 도덕적인 책임감을 갖게 되고 더욱 깊은 신뢰 관계로 발전해 가고 있습니다. 공저자인 진은혜선생님과 이천하선생님이 훌륭한 하베르가 된 것을 진심으로 축하 드립니다.

여러분도 〈말하는 독서 하브루타 교사 가이드북〉으로 함께 공부하는 하베르와 교학상장(敎學相長)하실 것이라 기대하며 이 책을 적극 추천합니다.

들어가며

1970년대 컴퓨터가 보급되면서 정보처리이론에 근거한 인지주의 교육학이 대두되었는가 하면 1990년대 이후 인터넷이 전 세계인을 하나로 연결하면서 구성주의 교육학이 본격화되었습니다. 이런 현상은 인터넷을 통한 지식의 폭발적 증가로 인해 학습자가 세상의 모든 지식을 머릿속에 담을 수 없으며 학습자가 자기 주도적으로 문제를 발견하고 자신의 배경지식과 경험을 바탕으로 지식을 구성하는데 따른 것이었습니다.

우리나라에도 2010년 이후 포스트모더니즘의 영향으로 구성주의 교육이 확산되고 있습니다. 토의·토론 수업, 협동학습, 배움의 공동체, 현장체험학습, 프로젝트 기반 수업, 문제 기반 학습, 액션러닝, 거꾸로 수업, 하브루타 수업이 바로 그것입니다. 19세기 이후에 최근까지 지속되었던 주지주의[1] 교육은 현대의 학생들을 행복하게 할 수 없기 때문입니다.

하브루타는 2012년 전성수 교수[2]가 처음 소개하면서 우리나라 공교육에 알려지기 시작하여 2015년에는 전국 교원연수 최우수 인터넷 강좌로 선정되기도 했습니다. 2020년 4월 '하브루타'를 주제로 쓰인 학위 논문이 무려 108편으로 집계되었으며 2020년 7월 직업능력개발원에 등록된 하브루타 민간자격과정은 106건으로 나타났습니다. 하브루타는 그만큼 학문 분야와 사회교육 분야에서 큰 관심을 모으고 있는 것이 현실입니다.

이제 하브루타 교육 운동이 전성기를 넘어 성숙한 단계로 접어들기 위해서는 여러 가지 당면한 과제들이 놓여 있습니다. 가장 중요한 것은 '질문과 토론'에 대한 인식 전환입니다. 아직까지 우리 사회는 질문에 대해 그다지 반겨하지 않습니다. 마찬가지로 토론의 문화도 미비합니다. 그렇다면 '질문과 토론'의 공부, 하브루타가 일반화되기 위해 어떤 노력이 필요할까요?

지난 10년 간 공교육에서의 하브루타는 수업의 한 모형으로 보급되었습니다. 이제 하브루타를 단순히 학창시절의 공부법에 머물게 해서는 안 됩니다. 하브루타가 한국의 문화가 되기 위해

---

[1] 19세기 독일을 중심으로 이루어진 주지주의(主知主義) 교육은 근본적으로 '주형(鑄型)'으로써의 교육관을 가지며 백지 상태의 학습자에게 '지식을 주입하다'라는 개념을 지니고 있다.

[2] 하브루타는 전성수 교수(전 부천대 유아교육학과)가 〈부모라면 유대인처럼 하브루타로 교육하라, 2012, 위즈덤하우스〉를 출간하면서 본격적으로 알려지기 시작했다.

서는 독서법과 학습법의 차원을 넘어서야 합니다. 여기서 주장하고자 하는 것은 하브루타의 명확한 철학과 비전을 세우고, 학문적으로는 체계적인 이론을 정립하고, 실제적으로는 폭넓은 차원의 대화법과 의사소통방법으로 발전시키는 것입니다.

실제로 유대인들은 하브루타가 무엇인지 모를 정도로 질문과 대화와 토론이 일상화되어 있습니다. 이제 질문과 대화와 토론이 삶의 곳곳으로 스미어 우리의 일상이 되어야 합니다. 하브루타 학습법을 대화법과 의사소통방법으로 발전시켜 제2의 전성기를 맞도록 한 단계 도약할 때입니다.

이 가이드북의 1장에서는 하브루타의 전반적인 개요, 즉 하브루타의 철학, 비전, 방법, 하브루타 학습의 이론과 실제, 그리고 각 프로세스를 개괄했습니다. 2장에서는 〈말하는 독서 하브루타〉 워크북 과정의 세부 교수학습의 요점과 주의사항 등을 말풍선으로 자세하게 안내했습니다. 3장에서는 워크북의 각 단원별 내용·사실 질문, 심화·상상 질문, 3단계 해석하기의 예시문과 교사의 전체토론 도움말을 수록했습니다.

이 가이드북을 집필하는데 진은혜선생님과 이천하선생님이 공저자로 참여했습니다. 두 분이 없었다면 이렇게 탁월한 결과물이 나올 수 없었을 것입니다. 또한 이 자리를 빌어 2021년 상반기 〈위대한 도전, 페이백 프로젝트〉에 참여한 모든 교육생에게 감사드립니다. 아울러 대한민국의 교육변화를 위해 애쓰시는 한국하브루타연합회 이성렬회장님과 최경연총무님, 교사용 가이드북의 필요성을 지속적으로 언급해 주신 이경숙선생님, 그리고 하브루타 교육운동 초창기부터 함께 수고하고 있는 김정완선생님과 민형덕교수님, 김혜경선생님께도 심심한 감사를 표합니다. 무엇보다도 항상 선한 길로 인도해 주시는 하나님께 감사드립니다.

대표저자 양동일

제1장 하브루타 워크북 개요

철이 철을 날카롭게 하는 것 같이
사람이 그의 친구의 얼굴을 빛나게 한다.

- 잠언 27장 17절 -

1. 하브루타의 철학

하브루타는 본래 '유대인의 전통적인 공부 방법' 입니다. 한국에서 하브루타가 보급되던 초창기에는 '공부 방법에 국가의 미래가 달려 있다' 라며 우리나라의 공부 방법만 바꾸어 보자는 구호를 내걸었습니다. 그런데 방법을 바꾼다고 교육이 바뀔까요? 공부 방법에는 얼마든지 좋은 방법이 많이 있습니다. 만약에 하브루타보다 더 좋은 공부법이 있다면 또 바꾸어야 할까요? 그것은 유행에 지나지 않습니다. 유행은 시대가 바뀌면 바뀔 수밖에 없습니다.

이 시점에서 우리에게 가장 필요한 것이 무엇일까요? 그것은 바로 하브루타에 대한 올바른 교육관 또는 교육철학을 정립하는 것입니다. 어떤 교육 방법이든 교육철학이 있어야 합니다. 철학(philosophy)을 바꾸면 진정한 교육 개혁을 이룰 수 있습니다.

하브루타의 철학은 '친구를 도와' 우정을 쌓고, 협력을 강화하며, 연합을 공고하게 하는 것입니다. 학창 시절에 친구와 서로 돕는 추억을 만들어야 합니다. 그런 우정을 기반으로 사회에 나가 지속적인 협력으로 이어지고 세상을 개선[3] 할 수 있도록 연합하게 합니다.

하브루타 협력학습은 목적과 방향에 있어서 기존의 협동학습이나 협력학습과는 다릅니다. 전통적인 협동학습이나 협력학습이 공동의 과제를 수행하는데 목적과 방향이 있는가 하면, 하브루타 협력학습의 목적과 방향은 친구에게 있습니다. 하브루타 협력학습은 '친구를 돕는다' 라는 목적을 가지며 방향은 자기중심적이 아니라 타인 중심적입니다. 하지만 역설적으로 친구를 돕는 학습 과정에서 자신도 많은 성장과 발전을 하게 됩니다.

한국인에게 가장 부족한 것이 무엇일까요? 한국인은 '혼자 똑똑한 사람' 으로 많이 알려져 있습니다. 한 개인으로 보면 얼마나 유능한지 모릅니다. 하지만 공동체

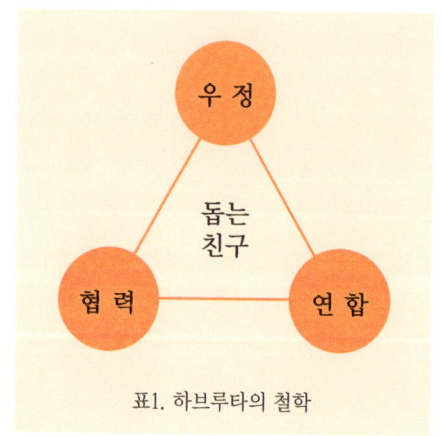

표1. 하브루타의 철학

---

[3] 히브리어로 틱쿤 올람(Tikkun Olam)은 '세상을 개선하다' 라는 뜻을 갖고 있다. 틱쿤 올람의 정신에 따라 유대인들은 '하나님이 창조한 인류와 자연에 공헌한다' 라는 직업관을 갖고 있다. 틱쿤 올람은 한국의 교육이념 '홍익인간' 정신과 일맥상통한다.

에서 협력과 단합은 아직도 먼 이야기입니다. 한국인이 그렇게 평가받는 이유는 바로 학생들을 '혼자 똑똑한 사람'으로 키우고, 경쟁교육으로 일관해 왔기 때문입니다.

학생들에게 학창 시절 경쟁했던 기억이 아니라 협력했던 추억을 선물해야 합니다. 근대화 과정에서 우리나라 교육당국은 경쟁교육이 더 효과적이고 실용적이라고 판단했습니다. 이것은 다분히 미국식 교육의 영향이 컸기 때문입니다. 하지만 실제 삶에서 더욱 효과적이고 실용적인 교육 방법은 협력교육입니다.

협력교육을 받은 아이들이 사회에 나가서 그 학창 시절의 우정을 기반으로 협력을 통해 공동체에 이바지합니다. 서로 협력하는 친구들은 더 나아가 다른 사회 공동체와 연합할 수 있습니다. 사회 모든 공동체가 골고루 발전하는 기반이 됩니다.

2. 하브루타의 비전

하브루타의 비전은 '하브루타를 통해서 지성, 인성, 영성을 겸비한 미래 세대를 세우는 것'입니다. 일찍이 아리스토텔레스는 인간의 목적은 행복이며 그것을 성취하기 위해서는 '탁월함[4]'이 있어야 한다고 말했습니다. 여기서 탁월함이란 '지적 탁월함'과 '도덕적 탁월함'으로 두 가지 중 더 중요한 것은 역시 '도덕적 탁월함', 즉 '덕(德, arete)'이라 합니다. 그런데 이런 도덕적 탁월함은 '실천적 지혜'를 통해 더욱 드러난다고 합니다. 그의 사상 안에는 우리가 나아가야 할 비전이 모두 포함되어 있습니다.

첫째, 인간 발달 과정에서 반드시 필요한 것은 사고력의 발달, 즉 지적 탁월함입니다. 우리의 아이들이 스스로 생각할 수 있는 힘을 길러야 합니다. 이것을 지성이라고 합니다. 둘째, 사고력뿐만 아니라 도덕적 탁월함을 길러야 합니다. 덕을 많이 갖춘 인성이 잘 발달된 사람이라야 진정으로 행복할 수 있습니다. 셋째, 이런 지성과 인성이 반드시 '실천적 지혜'로 드러나야 합니다.

---

[4] 아리스토텔레스는 그의 저서 〈니코마코스 윤리학〉에서 인간의 목적은 '행복(Eudaimonia)'에 있으며, 그것을 달성하기 위해 '탁월함(덕, arete)'이 필요하다고 말한다.

어떤 사람이 영성이 높다는 것은 추상적인 것을 파악하는 능력에 그치지 않고 일상의 삶에서 덕을 실천하는 능력이 높다는 것을 뜻합니다.

지성의 함양은 인간의 마음을 자유롭게 하는 데에 있습니다. 인간의 마음을 자유롭게 하는 것은 희랍시대로부터 인간의 염원이었던 자유교육의 목표와도 같습니다. 인성의 함양은 공동체 안에서 타인과의 관계를 바르게 하는 데에 있습니다. 인간은 타인과의 좋은 관계와 경험으로부터 행복을 얻을 수 있습니다. 영성의 함양은 우주 만물의 주인인 창조주와의 관계를 바르게 하는 데에 있습니다. 영성은 모든 지식을 내면에서 통합하여 위와 같이 '원만한5)' 마음을 형성하는 데에 가장 중요한 역할을 합니다.

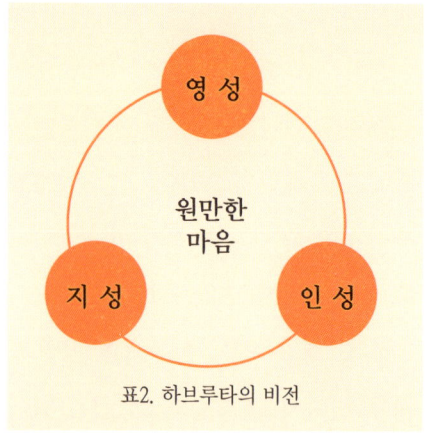

표2. 하브루타의 비전

3. 하브루타의 방법

한국의 하브루타는 대부분 '학교에서의 학습법 또는 독서법'으로 알려져 있습니다. 실제로 우리나라의 하브루타는 공교육에 '수업모형'으로 가장 먼저 소개되었습니다. 유대인의 하브루타는 토라나 탈무드 등의 종교적인 텍스트를 공부할 때 짝과 함께 읽고 질문하고 대화하고 토론하는 방법입니다. 여기서 한 가지 중요한 사실은 책을 읽고 학습하는데 '질문과 토론'에 대해 우리나라 사람들의 인식이 너무나 빈약하다는 것입니다.

하브루타는 교육을 넘어 문화가 되어야 합니다. 어떻게 하면 하브루타가 우리의 일상생활이 될 수 있을까요? 그렇게 하기 위해서는 독서법이나 학습법의 차원을 넘어서야 합니다. 하브루타는 대화법과 의사소통방법으로 발전해야 합니다. 그래야 친구 간의 우정을 쌓고 협력을 강화하고 연합을 공고하게 하는 하브루타의 철학을 완성할 수 있습니다.

---

5) '원만함'이란 글자 그대로 동그란 모양으로 모나지 않고 내부적으로 가득 차 있는 것을 뜻한다.

독서법이 어떤 텍스트나 대상을 '읽는 방법'이라면 학습법은 인간이 살아가기 위해 경험하고 탐구하는 모든 배움의 행위를 가리킵니다. 물론 학습이 제대로 이루어지기 위해서는 사물이나 대상을 파악하는 해석 능력이 우선되어야 한다고 볼 수 있습니다. 독서능력을 제대로 갖추기 위해서는 표면적인 이해를 넘어 이면의 숨어 있는 상징이 무엇인지 이해할 수 있어야 합니다.

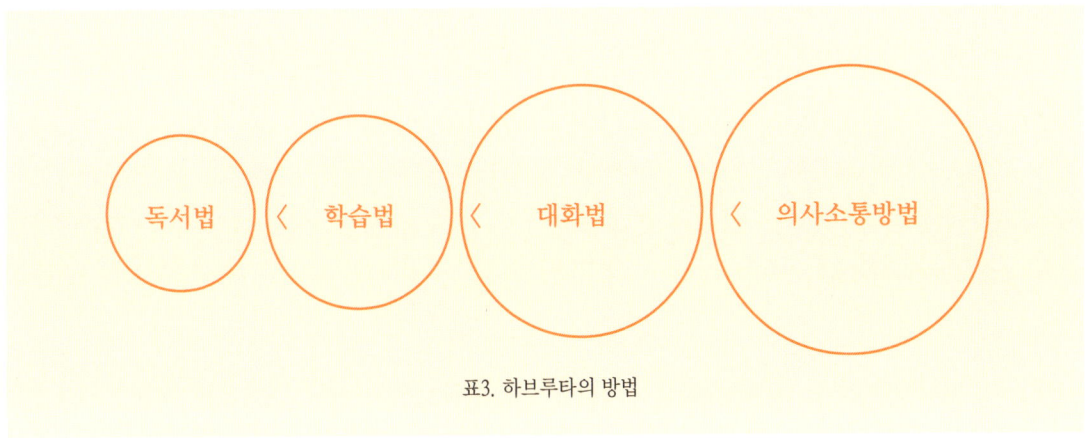

표3. 하브루타의 방법

한편, 독서법과 학습법, 그리고 대화법을 일치시킨다거나 하나의 연장선에 놓는 것은 아주 흥미로운 일입니다. 하지만 독서의 대상이 되는 텍스트가 하나의 화자가 된다면 책을 읽는 행위도 대화가 될 수 있으며 그 텍스트를 해석하는 행위도 대화와 토론으로 가능합니다. 더 나아가 하브루타를 대화법과 함께 의사소통의 '방법'이라고 표현한 것은 학습자가 얼마든지 연습과 훈련으로 성취할 수 있다는 뜻입니다.

4. 하브루타 학습의 이론

하브루타는 A.D. 2세기 이후 탈무드가 활자화되면서 유대인의 탈무드 학교에서 본격적으로 이루어진 학습 방법입니다. 그들은 난해한 탈무드를 이해하기 위해 예습의 형태로 친구와 함께 본문을 소리 내어 읽어가면서 질문과 대화와 토론을 진행했습니다. 구전문학의 성격이 강한 탈무드의 해석은 대화를 통해 공부하는 것이 자연스러운 현상이었습니다.

이후 디아스포라[6] 유대인들은 그들의 종교와 전통을 지키기 위해 세계 곳곳에 토라학교를 세우고 토라와 탈무드를 공부했습니다. 그들은 랍비에게 탈무드 본문을 배우기 전에 친구와 함께 예습하고 랍비의 가르침 이후에 복습의 형태로 하브루타 학습을 했습니다. 학습에는 짝꿍과 함께 하는 하브루타뿐만 아니라 선생님과 함께하는 모둠토론인 하부라(Havurah)도 있었으며 전체 강의식 수업에 해당하는 전체토론인 쉬우르(Shiur)가 있었습니다.

16세기 이후 인쇄술이 발달하면서 탈무드의 보급은 급속도로 확산되었지만 그에 못지 않게 반유대주의 정서로 말미암아 금서로 분류되며 불태워지기도 했습니다. 하지만 세계 곳곳에 흩어진 유대인은 그들의 전통학교 예시바 학교에서 탈무드를 공부하는 학습 전통을 오늘날까지 이어왔습니다. 최근에는 인터넷의 발달로 유대 경전과 고전 문학들을 웹사이트[7]를 통해 쉽게 접할 수 있습니다. 그러나 하브루타 학습은 이론적 토대 없이 그들의 전통과 문화 안에서 지속되어 왔습니다.

이와 같이 어떤 이론적 체계를 확실히 갖추지 않은 하브루타는 현대의 유대 교육철학자들에게 큰 관심의 대상이었습니다. 특히 유대인 출신의 교육 철학자 엘리 홀저(Elie Holzer)와 오릿 켄트(Orit Kent)가 대표적입니다. 그들은 2014년 〈하브루타란 무엇인가?: A Philosophy of Havruta, 엘리 홀저·오릿 켄트 지음〉를 집필하면서 하브루타의 교육이론을 정립했는데 이 책은 그 해에 유대교육학 최고의 도서로 선정되기도 했습니다.

이들은 주로 현대의 구성주의 교육학을 토대로 하브루타를 이론화했습니다. 특히 엘리 홀저는 독일의 해석학 철학자 가다머(H. G. Gadamer)의 '철학적 해석학', 오릿 켄트는 러시아계 유대인 비고츠키(L. Vygotsky)의 '사회 문화적 이론'을 토대로 하브루타의 이론을 정립했습니다. 이밖에도 하브루타의 이론에는 레비나스(E. Levinas)의 '타자성의 철학', 케간(R. Kegan)의 '성인 발달심리와 포용적 환경' 등을 제시할 수 있습니다.

1) 가다머(H. G. Gadamer)의 '철학적 해석학' : '사회구성주의자(social constructionism)'로 손꼽히는 가다머는 해석학에 철학적 관점을 제시했는데 그의 해석학 중 '지평융합이론'이

---

6) 디아스포라(Diaspora): 바벨론 제국의 이스라엘 침략 이후 대부분의 유대인들이 바벨론에 포로로 잡혀갔으며 다른 유대인들은 이집트나 소아시아, 심지어 동유럽과 로마 등 서방 세계에 흩어지게 되었다. 이렇게 전세계 흩어져 살고 있는 현대의 유대인들을 '디아스포라 유대인'이라고 한다.

7) 세파리아(www.sefaria.org), 메르카바(www.themercava.com) 등의 웹사이트에서는 방대한 유대 경전과 문학 등을 소개하고 있다.

대표적입니다. 가다머는 하이데거의 실존주의에 영향을 많이 받아 자신만의 독특한 철학적 해석학을 제시했습니다. 그는 인간이 종래에 지닌 선입견, 전통, 역사 등을 긍정적으로 평가하고 각각 '선이해', '전승', '영향 작용사' 등으로 재정의하며 개인의 선입견과 새로운 지식의 융합, 타인의 지식 지평과의 융합, 과거 전통과 현대 지식의 융합 등을 통해 지식이 창출된다고 보았습니다. 이것은 하브루타 본문 학습을 통해 본문의 해석, 타인과의 대화를 통해 자신의 성찰까지 이루어지는 하브루타 학습의 특징을 잘 설명해 줍니다.

2) 비고츠키(L. Vygotsky)의 '사회 문화적 이론' : '사회적 구성주의자(social constructivism)'로 분류되는 비고츠키는 피아제와 더불어 구성주의[8]를 대표하는 교육철학자이며 심리학자입니다. 피아제는 인지발달이 선천적인 발달 단계에 따라 외부의 물리적 환경과 상호작용하는 것이라고 이해한 반면, 비고츠키는 인지발달이 사회적 환경과 상호작용하는 것이라고 보았습니다. 즉 비고츠키는 사회적 관계를 통해 인간의 발달이 이루어진다고 보았습니다. 그는 특별히 '근접발달영역'을 강조했는데 현재의 발달 단계에서 잠재적 발달 단계로 가기 위해 반드시 거쳐야 하는 단계입니다. 그에 따르면 근접발달영역으로 가기 위해 교수학습과 또래 학습이 중요한 역할을 하는데 바로 이점이 하브루타의 이론적 기초가 됩니다.

3) 레비나스(E. Levinas)의 '타자성의 철학' : 유대계 프랑스 철학자 레비나스는 하이데거의 실존주의와 후설의 현상학의 영향을 받아 자신만의 독특한 '타자성의 철학'을 주장했습니다. 2차 세계대전 중 아우슈비츠 포로수용소에서 살아남은 그는 현대의 전체주의 탄생이 전통적인 철학과 인식론에 기인한 것으로 보았습니다. 그는 타인을 자신과 대등한 자 또는 자아보다 열등한 자로 보지 않고 자신이 섬겨야 할 존귀한 자로 인식하며 기꺼이 환대하고 맞아들여야 할 '타자'로 여깁니다. 기존의 교육관이 자기중심적이라면 하브루타가 타인 또는 친구 중심이기 때문에 레비나스의 '타자성의 철학'은 하브루타의 또 다른 이론적 토대라고 볼 수 있습니다.

4) 케간(R. Kegan)의 '성인 발달심리와 포용적 환경' : 케간은 학습자의 인지발달이 잘 이루어지기 위해서 학습자들이 심리적으로 안정을 가질 수 있도록 보듬어 주는 환경, 즉 '포용적 환경'을

---

[8] 민형덕교수(목포대학교 교육학과)는 〈학습자중심 질문수업이 비판적 사고성향, 창의적 문제해결 및 협력적 자기효능감에 미치는 효과, 2017〉에서 하브루타 학습의 주요 이론적 토대를 구성주의로 보았다.

만들어야 하며 지식 전달 위주의 교육을 탈피해야 한다고 보았습니다. 하브루타 수업에서 교사는 학습자들이 자신의 의견이나 해석을 자유롭게 개진할 수 있도록 포용과 수용의 자세를 지녀야 합니다.

5. 하브루타 학습의 실제

하브루타 학습은 기본적으로 텍스트[9]를 기반으로 하는 학습입니다. 하브루타의 학습 과정은 읽기, 질문하기, 해석하기, 반사하기, 지지하기, 도전하기, 촉진하기의 과정으로 이루어집니다.

읽기의 과정은 훑어 읽기, 교대로 번갈아 가며 읽기, 보지 않고 설명하기, 의미단락을 구분해서 설명하기로 나뉩니다. 질문하기는 내용과 사실을 확인하는 질문 만들기, 마음껏 상상하며 질문 만들기, 삶에 적용하는 질문 만들기로 나뉩니다. 해석하기는 3단계 또는 4단계로 이루어지며 본문에 대한 자신만의 해석과 근거, 그리고 결론으로 이루어지며 여기에 사례를 더하기도 합니다. 여기까지는 일반적으로 독서법과 학습법이라고 볼 수 있습니다.

읽기 → 질문하기 → 해석하기 → 반사하기 → 지지하기 → 도전하기 → 촉진하기

독서법 → 학습법 → 대화법 → 의사소통방법

표4. 하브루타의 텍스트 학습 과정

반사하기의 과정은 5단계로 나뉘며 호응 또는 맞장구, 해석의 반사, 근거의 반사, 결론의 반사,

---

[9] 하브루타는 '텍스트 기반 학습(Text Based Learning)'이라고도 한다.

그리고 확인하기의 과정으로 나뉩니다. 반사하기를 제대로 하기 위해서는 경청과 공감이 반드시 필요합니다. 지지하기의 과정은 상대의 해석에 대해 다른 근거를 마련해 준다거나 더 나은 이해를 한 경우, 그리고 훌륭한 표현에 대한 칭찬 등으로 나뉩니다. 여기까지는 '하브루타 대화법'으로 이해할 수 있습니다.

하브루타를 대화법에서 더 나아가 의사소통방법으로 발전시키기 위해서는 아주 어려운 과정이 남아 있습니다. 바로 도전하기와 촉진하기입니다. '하브루타란 무엇인가'를 집필한 엘리 홀저 박사는 '도전하기'를 일컬어 '위험 감수하기'라고 합니다. 왜 이것을 '위험 감수하기'라고 부를까요? 왜냐하면 잘못된 도전은 우정을 헤칠 수도 있기 때문입니다.

하브루타 의사소통방법의 정점에 있는 것은 바로 '촉진하기'입니다. 공동체의 리더로서 좋은 토론을 이끌기 위해서는 토론 참여자들이 격려와 자극을 받도록 훌륭한 동기부여를 해주는 것이 바로 '촉진하기'입니다.

6. 읽기와 경청하기[10]

현대적 '읽기'의 정의와 범위

읽기는 문식성(文識性)과 독해력에 관련이 있습니다. 현대적 의미의 독해력은 단순히 텍스트를 읽는 것을 넘어 그림이나 미디어를 해석하거나 또는 복잡다단한 실제 상황 속에서 그 맥락을 읽는 것까지 포함합니다.

> 텍스트 읽기 → 그림책 읽기 → 해석하기 → 미디어 읽기 → 문제 상황 읽기

위에서 언급했듯이 읽기의 과정은 훑어 읽기, 교대로 번갈아 가며 읽기, 보지 않고 설명하기,

---

10) 경청하기: 읽기 단계에서 '경청하기'란 '저자의 의도를 잘 듣는다'라는 뜻을 갖는다.

의미단락을 구분해서 설명하기로 나뉩니다. 여기서 '읽기' 과정을 '경청하기'라고 표현한 것은 하브루타 친구와 함께 저자의 말에 귀를 잘 기울인다는 의미입니다.

1단계: 한번 훑어 읽기(skim reading)

눈으로 한번 훑어 읽으면서 전체적인 윤곽(outline)을 파악합니다. 등장인물이나 주인공이 누구인지 알아봅니다. 처음 텍스트를 대할 때 가장 마음이 설레이기도 하는 반면 난해한 문장이나 표현이 나타나면 호기심과 궁금증이 폭발하기도 합니다.

2단계: 첫 번째 교대로 읽기(1st response reading)

짝꿍과 문장을 번갈아가며 첫 번째 소리 내어 읽는 단계입니다. 첫 번째 단계에서는 소리 내어 어구 단위로 또박또박 읽습니다. 눈으로 훑어 읽은 내용을 내 입술로 소리 내어 읽는다는 것은 내면의 소리를 듣기 시작하는 단계입니다.

3단계: 두 번째 교대로 읽기(2nd response reading)

짝꿍과 문장을 바꾸어서 억양(accent)을 넣어서 읽는 단계입니다. 연극의 주인공처럼 감정을 넣어 읽어봅니다. 어린 시절 엄마가 동화 구연하듯이 서로 읽어주는 것은 학습자들의 상상력을 자극하는데 충분합니다.

4단계: 보지 않고 설명하기(paraphrasing together)

텍스트를 보지 않고 자신이 이해한 대로 짝꿍에게 설명하는 단계입니다. 보지 않고 서로 설명해보는 단계는 메타인지(meta-cognition)[11]를 상승시켜 줍니다. 학습자들이 가장 어려워하는 부분이기도 합니다. 하지만 이런 구조화 연습이 기억력과 사고력 발달에 큰 도움이 됩니다.

5단계: 의미 단위 구분하기(naming meaning units)

텍스트의 의미 덩어리를 발단, 전개, 위기, 절정, 결말(또는 기승전결)로 나누어 봅니다. 앞의 활동에서 부족감을 느낀 부분을 확인하며 표면적인 이해를 더욱 도와줍니다. 주의할 점은 이 활

---

[11] 메타인지: '초인지(超認知)'라고도 하는 메타인지는 '나를 보는 내 위에 있는 눈'으로서 스스로가 어떤 것을 아는지 모르는지 인식하는 능력을 말한다. 어떤 것을 설명해 봄으로써 메타인지 능력을 향상시킬 수 있다.

동의 목적이 의미단락을 구분하는 기술을 익히는데 있지 않고 짝꿍과 함께 이 활동을 통해 본문을 다시 한번 이해하는데 있습니다.

7. 질문하기와 마주하기

교육학자 블룸(B. Bloom)은 교육목표 분류학에 따라 교육의 단계를 기억, 이해, 적용, 분석, 평가, 창조 등 여섯 단계로 분류했습니다. 마찬가지로 질문 또한 여섯 가지로 분류해 볼 수 있습니다.

첫째, 기억의 단계로서 '듣거나 읽은 내용을 확인해 보는 질문'을 만들 수 있습니다. 둘째, 이해의 단계로서 '정보의 의미를 알고 구조화시키는 질문'을 만들 수 있습니다. 셋째, 적용의 단계로서 '정보를 새로운 상황에 적용시키는 질문'을 만들 수 있습니다. 넷째, 분석의 단계로서 '정보를 작은 것으로 나누어 조사하는 질문'을 만들 수 있습니다. 다섯째, 평가의 단계로서 '정보의 쓰임새와 가치 판단을 묻는 질문'을 만들 수 있습니다. 여섯째, 창조의 단계로서 '정보를 조합해서 새로운 것을 만드는 질문'을 만들 수 있습니다. 그에 따르면 기억, 이해, 적용의 단계는 낮은 수준의 사고력을 필요로 하는 단계이며 분석, 평가, 창조의 단계는 높은 수준의 사고력을 필요로 하는 단계라고 합니다.

한편, 유대인의 지혜(이디쉬 콥, Yiddishe Kop)[12]에 따르면 지혜의 네 가지 영역에서도 질문을 정보, 상징, 직관, 무한한 가능성의 4단계로 구분하고 있습니다. 정보의 영역에서는 질문을 통해 보지 못한 것을 볼 수 있습니다. 상징의 영역에서는 질문을 통해 이면의 상징하는 것이 무엇인지 볼 수 있습니다. 직관의 영역에서는 질문과 몰입사고를 통해 무의식에 내재한 지혜를 얻습니다. 무한한 가능성의 영역에서는 질문과 실천을 통해 행동하는 지혜를 얻습니다.

한국에 소개된 하브루타 수업모형 중 질문 중심 하브루타는 질문을 내용·사실, 심화·상상, 적용·실천, 메타·종합 등 4단계로 분류하고 있습니다. 첫째, 내용·사실 질문은 본문의 이해

---

[12] 이디쉬 콥(Yiddishe Kop)이란 '유대인의 지혜'란 뜻으로 원래 동부 유럽에 사는 유대인들을 이디쉬족이라고 칭한데서 비롯되었다.

를 위해 내용이나 사실을 확인하는 질문입니다. 둘째, 심화·상상 질문은 주인공이나 등장인물의 생각, 느낌, 의도를 묻는 질문입니다. 셋째, 적용·실천 질문은 일상의 삶 속에 적용하고 실천하는 질문이며 개인이나 공동체에 적용해 볼 수 있습니다. 넷째, 메타·종합 질문은 본문을 전체적으로 바라보는 것으로 교훈이나 시사점, 좋은 해석을 찾는 질문입니다.

내용·사실 → 심화·상상 → 적용·실천 → 메타·종합

질문은 표면적인 이해를 넘어 본문이나 텍스트를 더 깊숙이 바라볼 수 있도록 돕는 역할을 합니다. 특히 심화·상상이나 개방형 질문[13]은 더 좋은 해석과 더 나은 해석의 단계로 나갈 수 있는 문(door) 역할을 해줍니다. 이제 학습자는 좋은 해답을 찾는 것이 아니라 좋은 질문을 찾음으로써 더 깊은 이해에 도달할 수 있습니다.

8. 해석하기와 마주하기[14]

하브루타 학습의 기본적인 목표는 짝꿍과 하브루타를 통해 더 좋은 해석과 더 나은 해석을 얻는 것입니다. 다만 여기서 전제 조건은 상대의 해석과 마주할 때 유연한 자세가 필요하다는 점입니다. 더 좋은 해석과 더 나은 해석을 얻기 위해서는 내가 내린 해석에 대해 얼마든지 수정과 철회가 가능하다는 생각을 염두에 두어야 합니다.

하브루타는 해석 과정을 통해 내가 상대를 설득한다는 생각보다 오히려 상대의 해석에 내가 얼마든지 설득당할 수도 있다는 마음가짐이 필요합니다. 짝꿍과 얼굴을 마주하고 앉을 뿐만 아니라 짝꿍의 다양한 해석에 대해서 마주하는 일이라고 볼 수 있습니다.

본문에 대한 해석은 주장(또는 자신의 해석), 근거, 결론의 3단계로 나눕니다. 이것은 3단 논

---

13) 개방형 질문은 '열린 질문(open question)' 또는 '여는 질문(opening question)'이라고도 하며 한 가지 질문에 대해 두 가지 이상의 대답을 얻을 수 있는 질문이며 다양한 해석의 도구가 된다.

14) 마주하기: 짝꿍의 해석을 마주하는 것은 다른 해석을 직면하고 수용한다는 것이다.

법의 한 형태로 모든 논리적 표현법의 기본이기 때문에 평소 아이들이 연습하고 훈련하면 나중에 성장해서 토론을 하거나 논문을 쓸 때도 많은 도움이 됩니다. 아래에 해석의 3단계와 4단계를 소개합니다.

해석하기 3단계

1단계: "저는 이 이야기가 독자들에게 ~을 말하는 것으로 보입니다."
2단계: "저의 이 해석을 뒷받침하는 본문의 근거는 ~입니다."
3단계: "그래서 저는 이 이야기가 ~을 말한다고 생각하게 되었습니다."

이와 같은 표현은 "저는 ~ 라고 생각합니다. 왜냐하면 ~이기 때문입니다. 그래서 저는 ~라고 생각했습니다." 라고 더욱 쉽게 표현해 볼 수 있습니다. 만일 여기에 사례까지 들어준다면 더할 나위 없이 설득력 있는 해석이 됩니다. 따라서 해석의 4단계는 주장, 근거, 사례, 결론으로 나뉠 수 있습니다. 해석의 3단계가 연역적 방법만 사용했다면 해석의 4단계는 연역적 방법과 귀납적 방법을 동시에 사용했다고 볼 수 있습니다.

해석하기 4단계

1단계: "저는 이 이야기가 독자들에게 ~을 말하는 것으로 보입니다."
2단계: "저의 이 해석을 뒷받침하는 본문의 근거는 ~입니다."
3단계: "예를 들면 ~한 사례가 있습니다(예컨대, ~입니다)."
4단계: "그래서 저는 ~라고 생각하게 되었습니다."

하브루타의 학습과정에서 학습자는 위와 같이 읽기와 질문하기의 단계를 거쳐 해석하기까지 진행할 때 훌륭한 학습법이 됩니다. 여기서 가장 중요한 것은 짝꿍의 다양한 해석에 대해 유연한 자세를 가지고 얼마든지 수용할 수 있어야 한다는 점입니다.

9. 반사하기와 공감하기

하브루타 학습법이 대화법으로 발전하는 시작점은 바로 '반사하기와 공감하기' 입니다. '반사하기' 란 마치 거울처럼 친구의 말을 그대로 반사해 주는 것을 말합니다. 친구의 말을 그대로 반사해 주었을 때 친구는 충분히 공감 받았다고 느낍니다. 그런데 이 모든 전제는 친구의 말에 '경청하기' 가 잘 이루어져야 한다는 점입니다. 그래서 이렇게 경청하는 것을 '반영적 경청 (reflective listening)' 이라고 부릅니다. 낮은 수준의 경청이 있는가 하면 높은 수준의 경청이 있는데 가장 높은 수준의 경청은 상대의 의도까지 듣는 것입니다.

경청하기의 5가지 유형
1) 이야기를 듣고 있으나 아무 반응을 하지 않는 유형
2) 상대방의 눈을 보고 중간 중간 고개를 끄덕이는 유형
3) 상대방을 방해하지 않는 범위에서 감탄사를 사용하는 유형
4) 상대방을 동의해 주면서 계속 이야기할 수 있도록 독려하는 유형
5) 상대방의 의도까지 파악하여 정리해서 따라 말해주는 유형

위에서 제시한 경청하기 유형에서 가장 낮은 수준의 경청은 상대방의 이야기를 듣고 있으나 아무 반응을 하지 않은 것이며 가장 높은 수준의 경청은 상대방의 의도까지 파악하여 정리해서 따라 말해주는 것입니다. 하브루타는 해석자가 말할 때 듣는 사람은 '반사하기' 를 통해 상대방을 충분히 경청하고 공감해 주어야 합니다. 그렇게 하기 위해 다음과 같이 반사하기의 5단계를 제시합니다.

반사하기의 5단계
1단계: "와우~ 너무 멋진 의견이군요!" (호응 또는 맞장구)
2단계: "그러니까 친구는 이 이야기가 독자들에게 ~을 말한다고 보는군요." (해석)
3단계: "그 해석을 뒷받침하는 근거는 ~이고요." (근거)

4단계: "그래서 친구는 이 이야기가 ~을 말한다고 생각하게 되었다는 것이죠." (결론)

5단계: "제가 잘 이해한 것이 맞나요?" (확인)

첫 번째 호응이나 맞장구를 쳐주는 단계에서 그 표현이 인위적이거나 가식적이지 않아야 합니다. 상대방의 해석에 진심을 담아 호응해 주어야 합니다. 두 번째에서 네 번째 단계는 상대의 주장(또는 해석), 근거, 결론을 그대로 잘 반영해 주어야 합니다. 그런 과정에서 상대의 해석을 더 보충한다거나 더 멋진 표현으로 재해석해 주는 것도 좋습니다. 중요한 것은 마지막 단계로서 자신이 반사하고 재해석한 것에 대해 상대방에게 확인하는 절차가 필요합니다. 반사하기 과정은 만일 어떤 부분의 오류나 오해가 있다면 바로잡아 주는 과정까지 포함합니다.

10. 지지하기와 도움 주기

하브루타 대화법을 더 훌륭하게 나누기 위해서는 한 가지가 더 필요합니다. 바로 상대방의 말을 반사하는 차원을 넘어 적극적으로 지지해 주는 것입니다. 여기서부터는 상대방을 적극적으로 돕는 차원이 전개됩니다.

누군가를 지지하고 응원하는 것은 쉬운 일 같아 보이지만 어떤 면에서 보면 그렇게 쉽지 않습니다. 누군가를 지지하고 응원하면 상대를 세워주는 과정에서 자신이 낮아지는 것을 경험합니다. 특히 자존감이 낮은 사람들에게는 어려울 수도 있습니다. 또한 지지하고 응원하는 것은 상대를 진심으로 세워주는 것이지 자신의 어떤 목적을 달성하기 위한 수단의 화법으로 사용해서는 안 됩니다.

흔히 사람들 간에 이루어지는 대화는 상대방의 의견에 동의할 때 지지를 하거나 상대방의 의견에 동의하지 않을 때 도전하는 방식을 선택합니다. 하브루타 대화법은 그와 같지 않습니다. 하브루타 대화법은 상대방에게 동의하든 동의하지 않든 지지하기와 도전하기를 진행합니다. 그런데 한 가지 중요한 점은 동의하든 동의하지 않든 지지하기를 먼저 진행하고 도전하기를 나중에 진행한다는 것입니다.

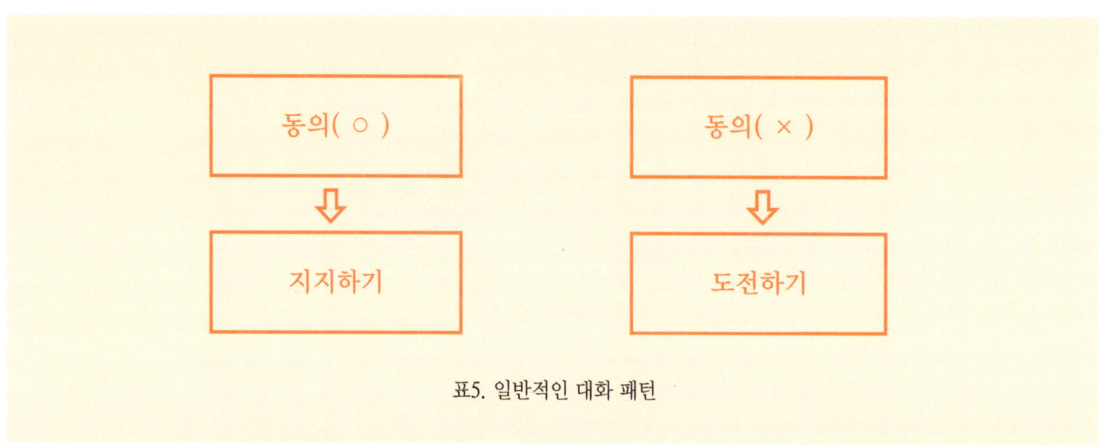

표5. 일반적인 대화 패턴

상대방의 의견에 동의할 때 지지하기란 어렵지 않습니다. 그러나 도전하기가 어렵습니다. 반대로 상대방의 의견에 동의하지 않을 때 도전하기란 어렵지 않습니다. 하지만 이번에는 반대로 지지하기가 어렵습니다. 이처럼 지지하기와 도전하기는 다소 복잡한 양상을 띠고 있습니다.

상대방의 해석에 대한 효과적인 지지와 응원은 표6과 같이 동의하든 동의하지 않든 지지하기와 도전하기 순서로 이루어집니다.

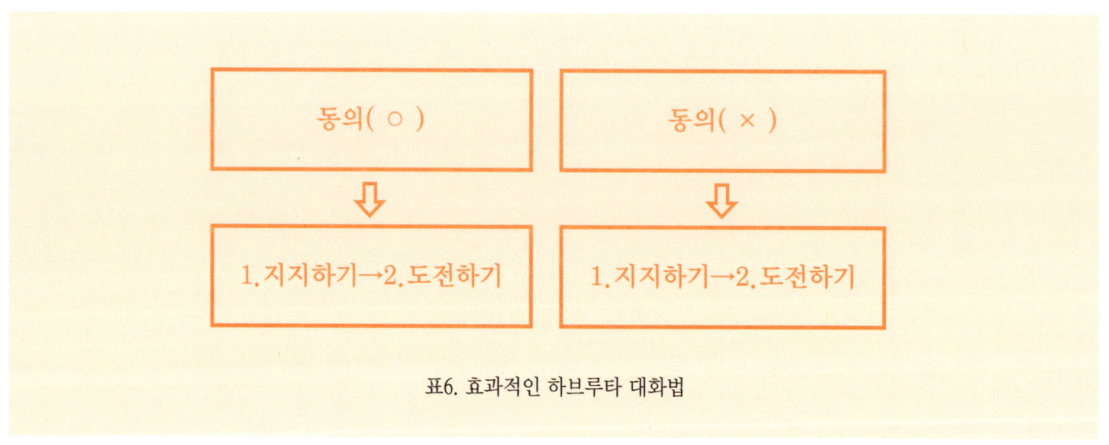

표6. 효과적인 하브루타 대화법

지지하기의 3단계

1단계: 상대의 말 표현이나 문장을 지지합니다.

"짝꿍의 말 중에 ~라는 표현은 정말 훌륭한 표현 같아요."

2단계: 상대의 해석 덕분에 새롭게 이해한 부분으로 지지합니다.
"짝꿍의 해석 덕분에 저는 본문의 이 부분도 이해가 잘 되었어요."

3단계: 상대의 해석을 뒷받침할 다른 근거를 찾아 지지합니다.
"짝꿍의 해석을 뒷받침하는 또 하나의 근거는 바로 ~입니다."

세 가지 방법으로 지지를 받은 상대방은 공감의 차원을 넘어 감동까지 받을 수 있습니다. 친구와 우정을 쌓고 친밀함을 강화하는 데 지지하기를 적극 활용합니다.

11. 도전하기와 도움 주기[15]

하브루타 대화법을 잘 훈련하고 나서 이제는 의사소통방법까지 발전시킬 차례입니다. 의사소통의 문제는 주로 동의하지 않는 의견이 생겼을 때 일어나곤 합니다. 도전하기부터 의사소통방법이라고 한 까닭은 바로 여기에 있습니다. 사람들이 흔히 다른 사람의 의견에 동의하지 않거나 다른 해석에 부딪혔을 때 표7과 같은 입장을 취합니다.

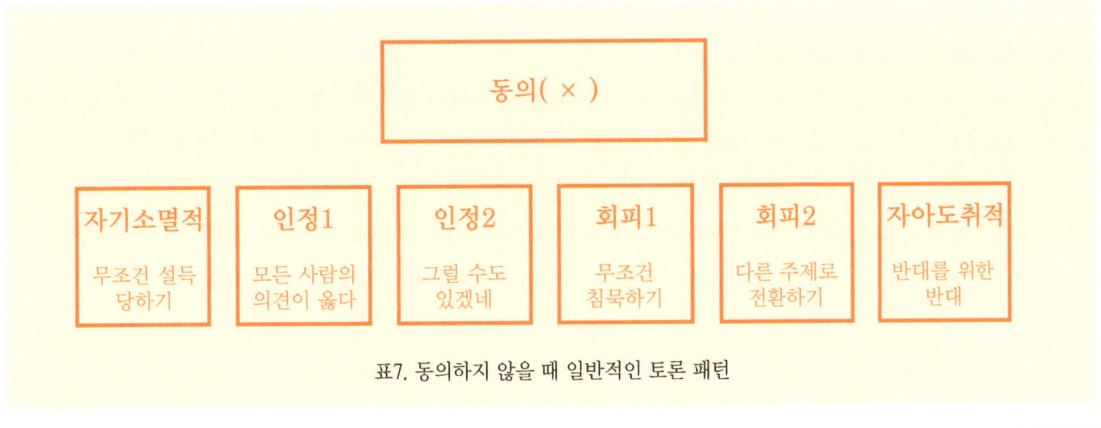

표7. 동의하지 않을 때 일반적인 토론 패턴

---

15) 도전하기와 도움주기: 지지하기 단계뿐만 아니라 도전하기 단계의 목적도 짝꿍을 돕기 위한 것이다. 하브루타 친구들은 상대가 자신을 돕기 위한 방법으로 도전하기 때문에 이 단계를 거치면서 더욱 친밀감이 강화된다.

하브루타 학습을 하는 사람은 이러한 토론의 일반적인 입장을 탈피해야 합니다. 제대로 된 하브루타 토론이 이루어지기 위해서는 도전에 직면해서도 감정이나 마음이 상하지 않아야 합니다. 그것은 도전 행위가 '도전받는 자'를 위한 것이기 때문입니다. 그런데 여기서도 가장 중요한 점은 도전하기가 이루어지 전까지의 경청하기, 반사하기, 공감하기, 지지하기 등의 과정이 꼭 필요하다는 점입니다. 왜냐하면 섣부른 도전하기는 자칫 우정을 해칠 수 있기 때문입니다.

물론 친밀도가 높은 경우에는 바로 도전하기도 얼마든지 가능합니다. 친구 간에 도전하기를 통해서 서로에게 도움을 주는 과정이라고 늘 의식하고 있다면 아주 친밀한 단계라고 볼 수 있습니다. 효과적인 도전하기의 3단계는 아래와 같습니다.

도전하기의 3단계

1단계: 상대의 말 표현이나 문장에 문제를 제기합니다.
"짝꿍의 말 중에 ~라는 표현은 오히려 좋지 않은 표현이에요."

2단계: 상대의 해석 때문에 오히려 이해가 되지 않은 부분을 말합니다.
"짝꿍의 의견이 그렇다면 이야기에서 이 부분을 어떻게 이해할 수 있을까요."

3단계: 상대의 해석을 뒷받침하는 근거의 미흡한 점을 말합니다.
"짝꿍이 말한 근거는 조금 미흡해 보입니다. 근거를 보완해 보는 것이 좋겠어요."

도전하기와 도움 주기의 전제 조건은 이 모든 과정이 서로를 돕기 위한다는 것을 인지하고 상대에게 얼마든지 설득될 수 있다는 유연성을 갖는 것입니다. 그렇게 되면 학교에서 배우는 어떤 학문이나 사회에 나가 부딪히는 어떤 난관도 함께 협력해서 헤쳐나갈 수 있습니다.

12. 촉진하기와 도움 주기

하브루타 의사소통방법 중 가장 높은 단계는 '촉진하기와 도움 주기'입니다. 교사나 지도자들은 촉진하기를 통해 학생이나 공동체의 구성원이 충분히 자신의 의견을 표현하고 개진할 수 있도록 도와야 합니다.

촉진하기 단계에서는 앞에서 사용한 하브루타 대화법과 의사소통방법이 모두 사용됩니다. 해석하고 경청하고 반사하고 공감하며 지지하고 도전하는 모든 과정이 필요합니다. 더 나아가 지지하고 도전한 의견들의 견해 차이를 구분해 보는 과정이 추가됩니다. 그렇게 했을 때 토론에 참여한 구성원들이 더욱 몰입하여 보다 나은 결과물을 낼 수 있습니다.

촉진하기 3단계

1단계: 짝꿍의 해석을 듣고 다른 짝꿍에게 반사하기를 권유합니다.
2단계: 처음 해석한 사람을 여러 사람이 지지하도록 권유합니다.
3단계: 지지한 의견들의 미묘한 차이를 설명해 보도록 권유합니다.

촉진자로서 주의할 사항은 토론자들이 충분히 의견을 개진할 수 있도록 보듬어 주는 환경 또는 포용적 환경[16]을 만들어 주는 것입니다. 토론자들이 의견을 제시할 때 감사를 표현하고 반사해 주고 지지해 줍니다. 토론자들이 텍스트에서 벗어나지 않게 하기 위해 핵심 주제로 다시 돌아오게 합니다. 또한 촉진자는 자신의 의견을 말하지 않으며 침묵이 있을 때도 기다려 줍니다.

---

[16] 케간(Robert Kegan)은 끌어내는 교육이 되기 위해서 '보듬어 주는 환경' 또는 '포용적 환경'을 만들어야 한다고 주장한다.

진행자가 효과적인 촉진하기를 위해서 아래의 '촉진하기 매뉴얼'에 따라 진행합니다. 첫 번째 토론자가 해석의 3단계에 따라 해석을 내리고 다른 토론자들이 반사하기와 지지하기, 미묘한 차이 구분하기를 합니다. 이 활동을 한 차례 진행해 보면 참여자들은 먼저 의견을 개진하는 것이 수월하다는 것을 느끼며 더욱 적극적으로 토론에 임하게 됩니다. 토론에 자신이 없는 학습자들은 먼저 발표하려고 노력하고 오히려 토론에 자신감이 있는 학습자들은 느긋이 토론을 즐길 수 있습니다.

〈촉진하기 매뉴얼〉

1. "누가 먼저 할까요?"라며 지원자를 받습니다.
2. 해석하기의 3단계로 표현해 달라고 부탁합니다.
3. 해석을 들었을 때 "감사합니다"라고 말합니다.
4. 발표자의 해석을 반사해 주며 맞는지 묻습니다.
5. 해석한 의견에 대해 첫 번째 지지를 부탁합니다.
6. 해석한 의견에 대해 두 번째 지지를 부탁합니다.
7. 두 지지의 미묘한 차이를 설명해 달라고 합니다.
8. 해석한 의견에 대해 세 번째 지지를 부탁합니다.
9. 세 지지의 미묘한 차이를 설명해 달라고 합니다.
10. 다른 해석을 말하게 하고 동일하게 진행합니다.
11. 텍스트를 벗어날 때, 텍스트에 집중하게 합니다.
12. 근거를 반드시 텍스트 안에서 찾도록 돕습니다.
13. 촉진자는 자신이 생각한 해답을 말하지 않습니다.
14. 침묵을 두려워하지 않고 오히려 잘 활용합니다.
15. 마지막에 가슴으로 느낀 점을 말하게 합니다.

제2장 단계별 학습 주안점

대화 속에서 타인에게 접근한다는 것,
그것은 타인의 표현을 기꺼이 맞아들인다는 것이다.

- 엠마누엘 레비나스 -

효과적인 하브루타 학습 꿀팁

1. 하브루타 학습을 위한 라포(rapport, 친밀감) 형성

대화와 토론을 통해 이루어지는 하브루타 학습은 선순환의 구조를 지닙니다. 하브루타 학습이 잘 이루어지면 대인 관계에서 친밀감이 높아지고 친밀감이 높은 하브루타 짝꿍 사이에서 사고력과 지적 발달이 탁월해집니다. 하지만 처음에 친밀하지 않은 상황에서 하브루타 학습을 시도했을 때 서로 공감하지 못하고 대화에 어려움을 표현하는 경우가 많습니다.

하브루타 학습을 진행하는 교사는 반드시 교사와 학습자, 학습자 상호간의 라포 형성에 노력해야 합니다. 워크북 활동을 시작하기 전에 학습자의 대화습관 나누기를 통해 서로가 좋아하는 대화와 싫어하는 대화가 무엇인지 파악하는 것도 좋은 예시라고 볼 수 있습니다. 뿐만 아니라 간단한 자기소개나 낱말 게임 등을 통해 학습 전의 아이스 브레이킹(ice-breaking) 시간을 가져 보기를 권장합니다. 라포 형성을 위한 다양한 활동 예시는 다음과 같습니다.

1) 오프라인 수업(교실 수업)

- 공통점 찾기 놀이: 짝꿍을 만나 서로의 공통점을 최대한 많이 찾은 후 발표할 때는 다른 팀에서 안 나올 것 같은 공통점을 이야기하는 놀이입니다.
- 인간 보물찾기 놀이: 좋아하는 색깔, 동물 등의 문항 몇 개를 만들어 한 사람이 세 명의 친구를 만나도록 합니다. 서로 좋아하는 색깔 또는 동물을 물어보고 같을 경우 동질감을 느끼게 되고 다를 경우 서로의 다름을 인정하고 받아들이는 놀이입니다.
- 까까 놀이: 과자를 연상시키는 '까까' 놀이는 학습자들이 "~했습니까?" 등으로 질문을 많이 했을 경우 외적 보상으로 '과자'를 선물 받는 게임입니다.
- 까바 놀이: 까바 놀이는 "~했습니다"로 끝나는 문장을 "~했습니까?"로 바꾸는 놀이를 의미합니다. 질문 만들기를 어렵게 느끼는 학습자들에게 질문 만들기가 쉽다는 경험을 하게 해줍니다.
- 감정카드 놀이: 감정을 표현하는 카드를 나열한 다음 학습자가 생각하는 현재의 감정을 짝꿍과 함께 표현해 보고 이유를 말해봅니다. 예를 들어 '마음과 마음을 이어주는 브릿지 톡

카드' 등이 있습니다.

- 미덕카드 놀이: 미덕(버츄)을 나타내는 카드를 나열한 다음 학습자가 자신을 잘 표현하는 미덕 또는 갖추고 싶은 미덕을 표현해 보고 이유를 말해봅니다.
- 행복카드 자아선언문 자기소개: 마음에 드는 색깔의 자기소개 카드를 한 장 선택해 그것을 크게 읽으면 다른 구성원들이 환호하며 박수를 쳐줍니다.
- 369게임+실수OK 놀이: 369게임을 하다가 실수한 사람에게 모든 구성원들이 하나의 모션(예를 들어 사랑의 하트)을 정해서 모션과 함께 '실수 OK'를 큰 소리로 외쳐줍니다.
- 포토스탠딩 활동: 사진 몇 장을 제시하고 교사가 제시하는 '주제어'와 사진을 연결해서 간단한 글쓰기를 합니다. 반드시 '왜냐하면'으로 그 이유도 함께 적어보고 짝과 함께 대화합니다.

2) 온라인 수업(Zoom 수업)

온라인 수업에서는 다양한 온라인 게임을 통해 짝꿍과 라포 형성을 할 수 있습니다. 줌 활용법을 익히기 위해 아이콘을 사용해서 손 들기, 마이크 또는 비디오 켜기 끄기 등이 있으며 짝꿍과 함께할 수 있는 줌 게임들은 아래와 같습니다.

- 눈치 게임: 모든 비디오를 끄게 한 상태에서 교사가 숫자로 00명을 외치면 눈치껏 학생들 00명이 자신의 비디오를 켜는 게임입니다. 수업 시작 직전에 전체 인원의 숫자를 부르면 모든 인원의 학생들이 비디오를 켜면서 수업에 몰입하는 이점이 있습니다.
- 고요 속의 외침: 주제어를 제시하고 해당 단어들을 소리 내지 않고 입 모양만 보고 제한된 시간 안에 알아맞히는 게임입니다. 주제어는 대개 동물, 과일, 나라, 운동, 음식 등을 제시할 수 있습니다.
- 스피드 퀴즈: 주제어를 제시하고 해당 단어들을 제한된 시간 안에 설명해서 가장 많이 알아맞히는 게임입니다. 주제어는 동물, 과일, 나라, 운동, 음식 등을 제시할 수 있습니다.
- 소리 알아맞히기: 꺼진 비디오 화면 뒤에서 나는 소리를 듣고 알아맞히는 게임입니다. 가정에서 흔하게 구할 수 있는 연필깎이, 볼펜 똑딱 소리, 드라이기, 저금통, 우산, 종이 구기는 소리, 손 선풍기, 지퍼 채우는 소리, 스테이플러 등을 이용해 봅니다.

- 물건 가져오기: 사회자가 특정한 모양이나 색깔을 제시하고 각 가정이나 주변에 있는 그와 비슷한 모양이나 색깔의 물건을 빨리 가져오는 게임입니다.
- 몸으로 흉내내기: 사회자가 속담 등을 미리 알려주면 몸으로 흉내내어 빨리 알아맞히는 게임입니다.

3) 패들렛 사용 예시

줌(Zoom)을 활용할 때 칠판을 대신할 수 있는 '패들렛(Padlet)' 프로그램에서 간단한 글쓰기 등을 통해 짝꿍과 말문 트기를 해볼 수 있습니다. 글쓰기의 예시는 아래와 같습니다.

가. 간단한 자기소개 글쓰기
- 좋아하는 색깔과 그 이유를 적어보기
- 가장 행복했던 순간과 그 이유를 적어보기
- 오늘의 감정단어를 쓰고 그 이유를 적어보기
- 자신이 생각하는 하브루타를 쓰고 그 이유를 적어보기
- 자신을 표현하는 '형용사'나 '동사'를 쓰고 그 이유를 적어보기
- 미래에 가장 해보고 싶은 일을 쓰고 그 이유를 적어보기
- 일주일 간 또는 오늘 감사한 것을 '1분 감사일기'로 적어보기

나. 미리 주어진 영상을 보고 느낀 점을 적어보기

교사가 수업과 관련된 영상을 패들렛에 업로드하고 학습자들에게 공유하여 학습자들이 사전에 글쓰기를 해보도록 합니다.

다. 미리 주어진 텍스트를 읽고 느낀 점을 적어보기

교사가 수업과 관련된 텍스트를 패들렛에 업로드하고 학습자들에게 공유하여 학습자들이 사전에 글쓰기를 해보도록 합니다.

2. 수업 마무리와 성찰하기

수업을 마무리한 후 글쓰기는 자기를 이해하고 성찰하는데 큰 역할을 합니다. 수업 후기는 아래와 같은 방법으로 할 수 있습니다.

1) 오프라인 수업(교실 수업)

짝꿍에게 '좋아해' 나 '배느실' 로 말해봅니다. '좋아해' 는 '좋았던 점, 아쉬웠던 점, 해보고 싶은 점' 의 줄임말입니다. '배느실' 은 '배운 점, 느낀 점, 실천할 점' 의 줄임말입니다.

2) 온라인 수업(Zoom 수업)

패들렛에 '좋아해' 나 '배느실' 글쓰기를 남기고 학습자들과 공유합니다.

> 하브루타의 철학은 '친구를 돕는 공부'로서 친구와 우정을 쌓고 협력하고 연합하는 것입니다. 그러기 위해서는 친구의 대화 성향을 잘 이해해야 합니다. 이 단계는 친구가 어떤 분위기의 대화를 좋아하는지 어떤 분위기의 대화를 싫어하지 알아보는 단계입니다.

STEP 01 짝꿍의 대화습관 알아보기

대화할 때 짝꿍이 좋아하는 것과 싫어하는 것을 두 가지 이상 말하고 적어 보세요.

> 첫 번째 단계는 친구가 좋아하는 대화, 싫어하는 대화가 무엇인지 잘 경청하고 받아 적는 단계입니다. 예를 들어 좋아하는 대화에는 눈을 마주 보고 대화하기, 호응과 맞장구 잘 쳐주기 등이 있으며 싫어하는 대화에는 대화 중 딴짓하기, 대화 중 다른 곳 쳐다보기, 주제에서 벗어나는 대화, 장황하게 나열하는 대화 등이 있습니다.

STEP 02 짝꿍의 대화습관 도와주기

그 짝꿍을 위해 내가 할 수 있는 것을 적어 보세요.

> 두 번째 단계는 그런 친구를 돕는 방법을 적어 보는 단계입니다. 친구가 좋아하는 것을 적극적으로 하겠다라고 적고 친구가 싫어하는 것을 절대 하지 않겠다라고 적습니다. 더 나아가 그런 친구를 위해 내가 창의적으로 친구를 도울 수 있는 방법을 적어 봅니다.

그런 짝

STEP 03 글쓴 것을 짝꿍과 나누기

위에서 적은 것을 짝꿍에게 친절하게 설명해요.

> 세 번째 단계는 자신이 적은 것을 친구에게 말해보는 단계입니다. 이제 친구가 대화할 때 어떤 것을 좋아하고 싫어하는지를 알았으니 그 부분을 주의해서 대화하겠다는 다짐입니다. 평소 이런 대화를 나누기가 쉽지 않습니다. 이런 대화를 통해 친구를 자연스럽게 이해하게 되고 더 친밀하게 다가갈 수 있습니다.

하브루타 진행 순서

01 경청하기, "글씨가
하나, 눈으로 한 번
보지 않고 내용을
봐요.

02 질문하기,
하나, 내용을 확인
질문을 만들고 짝
모둠에서 견주어

03 해석하기,
하나, 저는 이 이
생각한 이유는 이
~하게 생각하게

04 반사하기,
너무 멋진 의견이
그 근거는~, 그래

05 지지하기, "세 가지로 지지해요"
하나, 짝꿍이 ~라고 말한 표현은 정말 훌륭한 표현이에요.
둘, 짝꿍의 의견 덕분에 저는 책의 이 부분도 이해가 되었어요.
셋, 짝꿍의 의견을 뒷받침하는 또 하나의 근거는 여기예요.

06 도전하기, "세 가지로 도전해요"
하나, 짝꿍이 ~라고 말한 표현은 오히려 좋지 않은 표현이라고 생각해요.
둘, 짝꿍의 의견이 그렇다면 이 부분은 어떻게 이해할까요?
셋, 짝꿍의 근거는 충분히 뒷받침하기가 어려워요.

하브루타의 진행순서는 경청하기 단계의 4단계 읽기, 질문하기 단계의 질문 독서법, 해석하기와 반사하기를 통한 공감 대화법, 지지하기와 도전하기를 통한 핵심대화전략, 마지막으로 촉진하기 과정으로 나누어집니다.

가장 주의해야 할 사항은 학습자들에게 처음부터 이 과정을 한꺼번에 익히도록 하면 안 됩니다. 학습자들의 수준에 맞추어 진행하는 것이 중요합니다. 처음 4단계 읽기 연습만 한 달을 해도 됩니다. 그다음은 질문하는 연습까지 한 달 정도, 해석하기와 반사하기 연습까지 한 달 정도, 지지하기와 도전하기 연습까지 한 달 정도, 마지막으로 촉진하기 연습까지 한 달 정도로 해서 총 5개월을 진행할 수 있습니다. 모든 단계는 학습자들의 수준에 맞게 진행합니다.

하브루타는 일종의 학습법과 독서법이지만 훌륭한 대화법과 의사소통방법이기도 합니다. 4단계 읽기와 질문하기 이후 해석하기와 반사하기 단계부터는 대화법과 의사소통방법에 속합니다. 더 나아가 지지하기와 도전하기는 훌륭한 토론자가 되게 하며 마지막 촉진하기는 사회자로서 토론의 리더가 되는 과정입니다.

하브루타 독서스쿨 레벨 1-1

친절 천사의 제안

유대의 한 현자에 따르면 신이 인간을 만들 때 세 가지 관점을 가진 천사와 토론을 벌였다고 합니다. 진리의 천사가 말했습니다.

"우주의 주인이시여! 인간을 만들면 안 됩니다. 왜냐하면 그들은 거짓말쟁이이기 때문입니다." 하지만 친절의 천사가 반론을 제기했습니다.

"아닙니다. 인간을 만들어야 합니다. 왜냐하면 그들은 친절을 실천할 수 있기 때문입니다." 그때 평화의 천사가 앞으로 나와서 촉구했습니다.

"인간을 만들면 안 됩니다. 왜냐하면 그들은 온통 싸움판이기 때문입니다."

신은 인간을 만들고 싶었습니다. 하지만 토론의 과반수를 획득하지 못했습니다.

그는 진리의 천사를 땅으로 내동댕이치며 말했습니다.

"진리는 천상에서 지상으로 던져버렸다.

진리는 땅에서 솟아날 것이다."

그때 인간을 만드는데 토론의 과반을 획득했습니다.

신은 선포했습니다.

"이제 우리가 인간을 만들자!" 그는 천상의 군대의 힘을 얻었습니다.

01 경청하기 LISTENING

경청 가다듬기 하나, "눈으로 훑어 읽어 보세요"

하나, 눈으로 한 번 훑어 읽어 보세요.(등장인물과 주인공을 아래에 써보세요)

> 이 과정은 글을 처음 대하는 학습자들에게 글의 전체적인 윤곽을 잡는 과정입니다. 글을 대하는 첫 마음은 언제나 기대되고 긴장됩니다. 이 책의 대부분의 이야기는 3분 정도 묵독으로 읽을 수 있는 분량입니다.
>
> 학습자들이 잘 읽었는지 확인하기 위해 등장인물이 몇 명인지 주인공은 누구인지 워크북에 쓰라고 합니다. 학습자들이 등장인물의 수와 주인공 이름들을 쓰는 것으로 최소한 읽었다는 것을 알 수 있습니다.

경청 가다듬기 둘, "짝꿍과 교대로 읽어 보세요"

둘, 짝꿍과 번갈아가며 두 번 읽어 보세요.(모르는 낱말이나 문장을 아래에 써보세요)
첫 번째 읽을 때는 궁금하기도 하고 긴장되기도 하지요.

> 짝꿍과 하브루타로 상호작용하는 첫 단계입니다. 한 문장씩 교대로 읽으면서 호흡을 맞추어 봅니다. 첫 번째 소리 내어 읽기는 또박또박 읽기 단계입니다. 한 문장은 여러 개의 의미 단위, 즉 어구로 나뉩니다. 어구 단위로 문장을 번갈아 가며 또박또박 읽어봅니다.
>
> 두 번째 소리 내어 읽기는 감정을 넣어 읽기 단계입니다. 연극의 주인공처럼 억양(accent)을 넣어서 읽어 봅니다. 부모가 아이들에게 구연동화 하듯이 감정을 넣어서 흥미롭게 읽습니다. 이렇게 하면 등장인물의 말 표현이나 행동 뒤에 숨은 감정이나 생각을 잘 이해할 수 있습니다. 학습자들이 무척 좋아하는 활동입니다. 이후에 하는 개방형 질문 만들기와 큰 연관이 있습니다.

경청 가다듬기 셋, "보지 않고 말해요"

셋, 짝꿍과 보지 않고 내용을 서로 말해 주세요.

> 이 단계는 일종의 패러프레이징(paraphrasing; 어떤 말이나 글을 동일한 의미의 다른 표현으로 바꿔 전달하는 것) 단계로서 글을 읽고 머릿속에 구조화시킨 다음 자신의 입말로 설명하는 단계입니다. 이 활동의 목적은 이야기에 대해 얼마나 아는지 모르는지를 스스로 알아보는 단계로서 메타인지(meta-cognition) 향상에 큰 도움이 되는 과정입니다. 메타인지란 나를 보는 내 위에 있는 눈으로 학습자가 스스로 어떤 부분을 모르는지 알 수 있는 능력입니다. 서로 설명하기 연습만 많이 해도 학습자의 사고력이 탁월해집니다.
>
> 이 과정의 목적은 학습자들이 완벽하게 설명하기 위한 것이라기보다는 오히려 부족감을 느끼는 단계입니다. 따라서 학습자들에게 완벽하게 할 것을 강요하면 안 됩니다.

경청 가다듬기 넷, "의미단락을 구분해 봐요"

넷, 짝꿍과 의미단락(발단, 전개, 위기, 절정, 결말)을 구분해서 이야기해요.

앞에서 보지 않고 서로 설명할 때 학습자들은 자신이 기억해 내지 못했던 부분을 무척 보고 싶어 합니다. 서로 설명하기 과정을 통해 부족감을 느꼈기 때문입니다.

이제 학습자들은 다시 본문을 살펴보면서 짝꿍과 함께 확인하는 단계로서 의미 단락을 구분해 봅니다. 작가들은 글을 쓸 때 허투루 쓰지 않고 의미 덩어리를 나누어 구성합니다. 의미 단락은 서론, 본론, 결론의 3등분, 기승전결의 4등분, 발단, 전개, 위기, 절정, 결말의 5등분으로 나누어 볼 수 있습니다.

어떤 형태로든 좋습니다. 학습자들이 생각한 대로 짝꿍과 함께 의미 단락을 나누어 보라고 합니다. 여기서 주의해야 할 사항은 학습자들이 기술적으로 의미 단락을 나누는 데 있지 않고 이런 읽기 방법을 통해 서로 친밀하게 글을 읽어본다는 점입니다. 따라서 의미 단락을 가지고 서로 다투거나 싸우면 안 됩니다.

때문입니다."

하지만 친절의 천사가 반론을 제기했습니다.

"아닙니다. 인간을 만들어야 합니다. 왜냐하면 그들은 친절을 실천할 수 있기

때문입니다."

그때 평화의 천사가 앞으로 나와서 촉구했습니다.

"인간을 만들면 안 됩니다. 왜냐하면 그들은 온통 싸움판이기 때문입니다."

신은 인간을 만들고 싶었습니다. 하지만 토론의 과반수를 획득하지 못했습니다. 그는

진리의 천사를 땅으로 내동댕이치며 말했습니다.

"진리는 천상에서 지상으로 던져버렸다. 진리는 땅에서 솟아날 것이다."

그때 인간을 만드는데 토론의 과반을 획득했습니다. 신은 선포했습니다.

"이제 우리가 인간을 만들자!" 그는 천상의 군대의 힘을 얻었습니다.

02 질문하기 QUESTION

내용 질문 가다듬기, "내용이나 사실에 대해 질문해 봐요"

본문의 내용이나 사실을 확인하는 질문을 만들어 봐요.

이전 단계에서 표면적인 의미를 파악했다면 질문 단계는 내면적인 의미를 이해하는 단계입니다. 질문은 책을 깊게 이해하도록 만듭니다. 첫 번째 질문 만들기 과정으로 내용이나 사실을 확인하는 질문을 만들어 짝꿍과 나눕니다.

마치 퀴즈처럼 만든 질문으로 본문 안에 정답이 있는 폐쇄형 질문입니다. 학습자들은 대개 이 활동을 아주 재미있어 합니다. 난이도가 낮은 질문뿐만 아니라 난이도가 높은 질문도 만들 수 있습니다. 주의사항은 학습자들이 '그것도 못 맞추냐'는 식으로 서로 깔보지 않도록 하며 정답을 모를 때는 친절하게 가르쳐 주도록 합니다. 이 활동은 세 가지 중요한 의미를 지닙니다.

첫째로 학습자들이 개방형 질문이나 심화·상상 질문을 다루기 전에 비교적 쉬운 질문을 다루어 보면서 질문에 대한 자신감과 성취감을 얻게 하는 것입니다. 질문 수업이 낯선 학습자들에게 질문에 대한 접근성을 쉽게 해줍니다.

둘째로 내용과 사실을 확인하는 질문을 통해 글의 기본적인 내용을 학습자들이 잘 이해할 수 있습니다. 이것은 짝꿍과 서로 대화를 나누기 전에 공통적으로 읽은 내용을 확인함으로써 대화가 엉뚱한 방향으로 가지 않게 합니다.

셋째로 내용과 사실을 확인하는 질문을 통해 학습자들은 평소 자신이 보지 못했던 부분을 발견할 수 있습니다. 학습자들이 질문을 만들면서 이야기의 구석구석에 무슨 단어가 있는지 잘 살피게 함으로써 관찰력을 길러줍니다.

여섯,

일곱,

여덟,

아홉,

열,

02 질문하기 QUESTION

열린 질문 가다듬기 하나, "두 개의 질문을 만들어 봐요"

본문에서 답을 찾을 수 없는 두 개의 열린(개방형) 질문을 만들어 보세요.

앞에서 내용·사실 확인 질문을 만들어서 나눈 학습자들은 이제 본문에서 답을 찾을 수 없거나 두 개 이상의 대답이 나올 수 있는 열린(개방형) 질문을 만들어 봅니다. 처음에는 특별한 가르침 없이 스스로 두 개 이상의 대답이 나올 수 있는 질문을 만들어 보라고 합니다. 그런 다음 개방형 질문 만들기 공식을 통해 질문 코칭을 해줍니다.

개방형 질문 공식은 첫째, 주인공이나 등장인물을 주어로 놓습니다. 둘째, 그 주인공이나 등장인물의 말 표현이나 행동을 묘사합니다. 마지막으로 그 말 표현이나 행동 뒤에 숨어 있는 감정, 심정, 생각, 해석, 판단, 의도 등을 질문합니다. 이렇게 하면 학습자들은 문장을 읽어가면서 바로 개방형 질문을 만들 수 있습니다.

주의해야 할 사항은 여기서 개방형 질문이란 반드시 본문을 근거해서 만들어야 한다는 점입니다. 주인공이나 등장인물을 주어로 삼는 것이 바로 그 이유 때문입니다. 또한 '만약 ~라면 어떻게 할까?'와 같은 가정문 형태의 개방형 질문도 본문에서 벗어날 수 있기 때문에 하지 않습니다.

개방형 질문은 본문의 더 좋은 해석과 더 나은 이해를 위해 꼭 필요합니다. 마치 방문이나 창문의 커튼을 열면 다른 공간을 볼 수 있듯이 개방형 질문은 다른 해석을 찾을 수 있는 훌륭한 도구 역할을 합니다.

열린 질문 가다듬기 둘, "짝꿍과 질문을 견주어 봐요"

네 개의 질문에 대해 짝꿍과 함께 나누어 보고 최종 두 개의 좋은 질문을 선택해 보세요.

열린 질문 가다듬기 셋, "넷이서 질문을 견주어 봐요"

네 개의 질문을 모둠 짝꿍과 함께 나누어 보고 최종 두 개의 좋은 질문을 선택해 보세요.

이 과정은 학습자들의 개방형 질문을 피라미드 토론 방식으로 엄선하는 과정입니다. 첫 번째 단계는 학습자들 스스로 두 개의 개방형 질문을 만들어 제시합니다. 두 번째 단계는 짝꿍과 함께 서로 설득하고 합의해서 네 개의 질문을 두 개로 줄여봅니다. 세 번째 단계는 네 명의 모둠 친구들이 모여 네 개의 질문을 다시 두 개로 줄여봅니다.

피라미드 토론에서 질문을 선택할 때 '내 것에서 하나, 네 것에서 하나' 식으로 손쉽게 하지 않고 짝꿍의 질문에서 좋은 것을 선택해 주는 방식으로 합니다. 짝꿍의 질문에서 선택한 질문이 왜 좋은 질문인지에 대한 이유를 꼭 나누어 봅니다.

열린 질문 가다듬기 넷, "선생님과 질문을 견주어 봐요"

모둠에서 선택한 마지막 질문들을 선생님과 함께 견주어 보세요.

최종 단계에서 나온 질문들은 모든 학습자들의 질문이 피라미드 토론 방식으로 추출되어 엄선된 질문이 됩니다. 칠판에 포스트잇이나 온라인의 패들렛(padlet) 등을 활용하여 전체 학생들이 볼 수 있도록 하고, 교사는 학습자들의 질문들에 댓글을 달아 코칭을 해줍니다.

03 해석하기 INTERPRETATION

해석하기 하나, "저는 이렇게 생각해요(해석)"

1단계: 저는 이 이야기가 친구들에게 ~을 말한다고 생각해요.

5단계 읽기 단계와 3단계 질문 단계를 통해 학습자들 스스로 생각한 해석이나 교훈을 글로 표현하고 말로 나누어 보는 단계입니다. 글쓰기는 반성하고 성찰하는 데 가장 중요한 도구입니다. 자신이 읽은 것을 반드시 글로 써보는 연습이 중요합니다.

해석하기[17]는 3단계로 나눌 수 있습니다. 자신의 해석을 쓰고, 근거를 만들고, 결론을 맺는 것입니다. 결론 부분은 해석을 다른 말로 표현하는 것과 같습니다. 따라서 학습자들에게 해석하고 근거를 찾는 일이 중요합니다. 모든 학습자들이 나름대로의 해석을 갖습니다. 해석보다 더 중요한 부분은 바로 근거 찾기입니다.

근거는 직접적인 근거도 좋지만 사고 과정을 한 단계 더 거치는 추론 형태의 근거도 좋습니다. 근거는 크게 세 가지로 나뉩니다. 아주 적합한 근거, 어느 정도 적합한 근거, 아주 동떨어진 근거입니다. 학습자들은 연습과 훈련을 통해 아주 동떨어진 근거에서 어느 정도 적합한 근거와 아주 적합한 근거를 찾을 수 있어야 합니다.

주의해야 할 점은 글쓰기를 한 다음 친구에게 자신의 해석을 말할 때 너무 장황하지 않게 핵심을 잘 표현해야 한다는 것입니다. 어떤 친구들은 자신의 해석이 너무 좋은 나머지 표현을 길게 합니다. 친구와 나눌 때 말이 길어지면 반사하기를 해주어야 하는 친구가 당황할 수 있습니다. 간단하고 짧게 핵심을 잘 전달하도록 연습해야 합니다.

해석하기 셋, "그래서 이렇게 생각해요(결론)"

3단계: 그래서 저는 이 이야기가 ~을 말한다고 생각하게 되었습니다.

---

17) 해석하기는 본문 이해의 과정으로 적용이나 실천과 밀접한 관련이 있다. 일반적인 해석학에서 이해와 적용을 다른 관점으로 보는 것과 달리 독일의 해석학 철학자 가다머(H. G. Gadamer)는 이해와 적용을 동일한 것으로 보았다. 그에 따르면 적용이나 실천이 되지 않은 지식은 이해하지 못한 것으로 본다. 저자가 앞선 단계에서 적용·실천 질문을 생략한 것은 해석하기 단계가 그 과정을 포함한다고 보기 때문이다.

04 반사하기 REFLECTION

반사하기, 와우~ 너무 멋진 의견이군요!

1단계: 와우~ 너무 멋진 의견이군요! (호응 또는 맞장구)

반사하기는 하브루타 학습법과 독서법이 대화법으로 넘어가는 순간입니다. 친구의 말을 잘 반사해 주는 것은 공감 대화법의 기본입니다. 말 표현과 생각을 읽어주는 것을 넘어 감정과 욕구까지 읽어주면 금상첨화입니다.

반사하기는 호응, 해석, 근거, 결론, 확인의 순서로 이루어집니다. 친구의 의견을 잘 반사하려면 첫째, 귀 기울여 경청을 잘해야 합니다. 둘째, 핵심단어를 잘 메모해 두어야 합니다. 셋째, 숨어 있는 감정이나 의도까지 잘 파악해야 합니다.

주의해야 할 사항은 호응 단계에서 진정성이 느껴지도록 맞장구를 쳐주어야 한다는 점입니다. 무뚝뚝한 표정이나 기운 없는 말투로 호응하지 말고 진심으로 놀라고 감탄한 표정이나 활기찬 말투로 호응해 주어야 합니다. 또한 마지막 확인 단계를 통해 확실하게 이해하고 있는지 되물어야 합니다. 만일 부족한 부분이 있다면 친구가 확인을 해줄 수 있습니다.

3단계: 그리고 짝꿍의 그런 의견을 뒷받침하는 근거는 바로 ~라는 것이죠? (근거의 반사)

4단계: 그래서 결국 짝꿍이 말하고 싶은 것은 ~라는 것이죠? (결론의 반사)

5단계: 제가 잘 이해한 것이 맞나요? (확인)

05 지지하기 SUPPORTING

지지하기 하나, "매우 훌륭한 표현이에요"

하나. 짝꿍의 말 중에 ~라는 표현은 정말 훌륭한 표현이에요.

> 공감 대화법을 넘어 의사소통방법으로서 하브루타의 대화 전략은 바로 지지하기와 도전하기입니다. 특히 친구의 의견을 잘 반사해 주고 지지해 줌으로써 우정과 친밀함을 더욱 강화시킬 수 있습니다.
>
> 친구의 의견에 지지를 잘하기 위해서는 '반사하기'와 마찬가지로 경청을 잘해야 하고 핵심단어 위주로 메모를 잘해 두어야 합니다. 그런 다음 세 가지 방식으로 지지해 볼 수 있습니다. 첫째는 말 '표현' 자체를 지지해 볼 수 있습니다. 친구가 의견을 말하는 도중에 사용한 멋진 낱말이나 새로운 단어를 칭찬합니다.
>
> 둘째는 '이해'의 관점에서 지지해 볼 수 있습니다. 친구의 해석을 듣고 이야기의 어떤 부분이 이해되었다거나 자신은 생각지도 못한 해석을 듣고 다른 관점에서 이해가 되었다고 지지해 줍니다.
>
> 셋째는 '근거'의 관점에서 지지해 볼 수 있습니다. 친구의 해석과 근거를 잘 들어보고 친구의 해석에 도움이 되는 다른 근거를 찾아줍니다. 자신의 해석에 대해 친구가 다른 근거를 찾아주는 것만큼 큰 지지는 없습니다. 대신 근거 찾기는 위의 세 가지 지지하기 중 가장 어렵습니다.
>
> 지지하기는 '표현' 중심의 지지가 가장 쉽고 이해, 근거의 순으로 어려워집니다. 평소 연습을 통해 더 어려운 차원의 지지하기를 훈련해 보도록 합니다. 지지하기는 '친구를 만드는' 아주 멋진 대화 전략입니다.

지지하기 셋, "다른 근거는 여기예요"

셋, 짝꿍의 의견을 뒷받침하는 또 하나의 근거는 여기예요.

06 도전하기 CHALLENGING

도전하기 하나, "오히려 좋지 않은 표현이에요!"

하나, 짝꿍의 말 중에 ~라는 표현은 오히려 좋지 않은 표현이라고 생각해요.

하브루타의 핵심 대화 전략 중 가장 난해하고 조심스러운 부분이 바로 '도전하기'입니다. 랍비 엘리 홀저 박사는 '도전하기'를 '위험 감수하기'라고 말한 바 있습니다. 그만큼 도전하기는 우정을 깨뜨릴 수 있는 위험을 안고 있습니다.

도전하기는 어느 정도 친밀한 관계가 된 후에 할 것을 권장합니다. 도전하기의 목적은 친구의 의견을 비판하는 것이 아니라 친구를 돕는 데 목적이 있습니다. 도전하기는 자칫 비난이나 공격의 형태를 띨 수 있기 때문에 정말로 조심스럽게 다루어야 합니다.

'도덕적 책임감'을 갖는 짝꿍의 도전하기는 아주 중요한 대화 전략입니다. 도전하기는 '지지하기'와 마찬가지로 세 가지 방법, 즉 표현, 이해, 근거의 관점으로 해볼 수 있습니다. 첫째는 말 '표현' 자체를 도전해 볼 수 있습니다. 친구가 의견을 말하는 도중에 사용한 부적절한 낱말이나 속된 단어를 찾아서 좋은 표현으로 바꾸어 줍니다.

둘째는 '이해'의 관점에서 도전해 볼 수 있습니다. 친구의 해석을 듣고 이야기의 어떤 부분이 오히려 이해가 되지 않는다거나 이해에 어려움을 갖게 되었다고 말하며 "네 생각은 어떠니?"라고 되묻습니다. 그러면 친구도 그 부분의 설득력을 갖추기 위해 노력합니다.

셋째는 '근거'의 관점에서 도전해 볼 수 있습니다. 친구의 해석과 근거를 잘 들어 보고 근거가 적절한지 문제를 제기합니다. 근거는 크게 세 가지 수준으로 나누어집니다. 앞서 언급했듯이 아주 적합한 근거, 어느 정도 적합한 근거, 아주 동떨어진 근거입니다. 친구들은 도전하기를 통해 낮은 수준의 근거에서 높은 수준의 근거로 보완할 수 있도록 도와줍니다.

셋, 짝꿍이 말한 근거는 충분히 뒷받침하기가 어려워요.

정리: 해석하기, 반사하기, 지지하기, 도전하기

1. 해석하기: 세 단계로 해석하기

> 이 페이지는 학습자들이 지금까지 하브루타 대화법과 대화 전략을 통해 활동한 핵심단어들을 해당 여백에 적어보는 공간입니다. 다시 한번 머릿속의 생각들을 정리해 봅니다.

2. 반사하기: 다섯 단계로 반사하기

3. 지지하기: 세 가지로 지지하기

4. 도전하기: 세 가지로 도전하기

촉진하기: 하부라[18] (선생님과 함께하는 모둠토론)

1. "누가 먼저 할까요?"라며 지원자를 받습니다.

이 과정은 하브루타의 의사소통의 최종 단계로서 '토론의 리더'를 연습하는 과정입니다. 촉진하기는 일명 '퍼실리테이션(facilitation)'으로 잘 알려져 있으며 훌륭한 리더가 되기 위해서는 토론에서 촉진하기 등의 사회자 역할을 잘 할 수 있어야 합니다.

하브루타 촉진하기 과정은 '촉진자(facilitator)'가 참가자들이 토론에 적극적으로 참여하고 의견을 개진할 수 있도록 동기를 부여하고 토론의 주제에서 벗어나지 않도록 의견을 모으고 집중시키는 과정입니다.

하브루타 촉진하기는 앞서 연습한 해석하기, 반사하기, 지지하기, 도전하기 등의 하브루타 대화법을 모두 활용합니다. 참가자들이 자연스럽게 자신의 해석을 먼저 말하고 반사하도록 합니다. 사회자가 첫 번째 해석에 대해 반사하기의 예시를 보여줄 수 있습니다.

첫 번째 해석에 대해 반사하기가 끝나면 우선 지지하기 의견을 받습니다. 첫 번째 지지자가 나오면 사회자가 간단하게 지지한 의견을 요약해 주고 두 번째 지지하기 의견을 받습니다. 두 번째 지지자가 나올 때도 사회자가 간단하게 지지한 의견을 요약해 줍니다. 여기서 사회자는 참가자들에게 첫 번째 지지와 두 번째 지지가 어떻게 다른지에 대해 묻습니다. 그때 모든 참여자의 몰입도가 최상이 됩니다. 세 번째 지지자의 의견이 나올 때도 마찬가지로 사회자가 간단하게 요약해 주고 세 가지로 지지한 의견이 어떻게 다른지 묻습니다.

첫 번째 해석에 대해 어느 정도 다양한 의견이 나오면 두 번째 해석을 받습니다. 이때부터 참가자들은 먼저 발표하기 위해 적극적으로 임합니다. 왜냐하면 뒤로 갈수록 난감해진다는 것을 알았기 때문입니다. 두 번째 해석도 반사하기, 지지하기, 지지한 의견들의 차이를 밝히기 순으로 이어집니다.

물론 해석하기에서 지지하기까지의 촉진하기가 잘 이루어지면 도전하기도 시도할 수 있습니다. 하지만 처음부터 여러 사람이 있는 가운데 도전하기까지 시도하면 분위기를 어렵게 만들 수 있습니다. 따라서 도전하기는 친밀도가 높은 사이에서 할 것을 권장합니다. 촉진하기 매뉴얼을 잘 활용하기 바랍니다.

15. 마지막에 눈을 감고 가슴으로 느낀 점을 말하게 합니다.

---

18) 하부라(Havurah): 선생님과 함께 진행하는 그룹토론(모둠토론)을 '하부라'라고 하며 전체토론을 뜻하는 '쉬우르'와 다르다. 유대인의 전통 학습 세 가지(하브루타, 하부라, 쉬우르) 중의 '하부라'는 대개 해당 분야의 전문가 선생님과 함께하는 수업이다.

제3장 질문과 해석의 예시 및 쉬우르

질문을 결정하는 것이 지식에 이르는 길이다.

- H. G. 가다머 -

본문 해석은 자기 자신을 더 깊이 새롭게 이해했거나
이제 막 이해하기 시작한 독자가 자신을 해석한 결과이다.

- 폴 리쾨르 -

하브루타 독서스쿨 레벨 1-1

친절 천사의 제안

유대의 한 현자에 따르면 신이 인간을 만들 때 세 가지 관점을 가진 천사와 토론을 벌였다고 합니다. 진리의 천사가 말했습니다.

"우주의 주인이시여! 인간을 만들면 안 됩니다. 왜냐하면 그들은 거짓말쟁이이기 때문입니다." 하지만 친절의 천사가 반론을 제기했습니다.

"아닙니다. 인간을 만들어야 합니다. 왜냐하면 그들은 친절을 실천할 수 있기 때문입니다." 그때 평화의 천사가 앞으로 나와서 촉구했습니다.

"인간을 만들면 안 됩니다. 왜냐하면 그들은 온통 싸움판이기 때문입니다."

신은 인간을 만들고 싶었습니다. 하지만 토론의 과반수를 획득하지 못했습니다.

그는 진리의 천사를 땅으로 내동댕이치며 말했습니다.

"진리는 천상에서 지상으로 던져버렸다.

진리는 땅에서 솟아날 것이다."

그때 인간을 만드는데 토론의 과반을 획득했습니다.

신은 선포했습니다.

"이제 우리가 인간을 만들자!" 그는 천상의 군대의 힘을 얻었습니다.

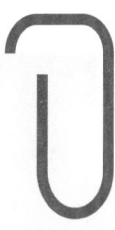

1. 내용·사실 질문 예시[19]

1) 유대의 한 현자에 따르면 신은 무엇을 만들려 했을까요?
2) 신이 인간을 만들 때 몇 가지 관점을 지닌 천사와 토론을 벌였을까요?
3) 가장 먼저 말을 한 천사는 누구였을까요?
4) 진리의 천사는 신을 무엇이라 불렀을까요?
5) 진리의 천사가 인간 만들기를 반대한 이유는 무엇인가요?
6) 평화의 천사가 인간 만들기를 반대한 이유는 무엇인가요?
7) 친절의 천사가 인간을 만들어야 한다고 주장한 근거는 무엇인가요?
8) 토론의 과반수를 획득하지 못한 신이 한 행동은 무엇인가요?
9) 신이 진리의 천사를 내동댕이치며 진리는 어디에서 솟아날 것이라고 했을까요?
10) 인간을 만드는데 토론의 과반을 획득한 신은 무엇이라고 선포했나요?

2. 심화·상상 질문 예시

1) 신이 인간을 만들고 싶어한 이유는 무엇일까요?
2) 신이 인간을 만들려 할 때 왜 진리의 천사, 친절의 천사, 평화의 천사와 토론을 했을까요?
3) 친절의 천사는 진리의 천사, 평화의 천사와 달리 어떻게 다른 관점으로 인간을 볼 수 있었을까요?
4) 신은 천사들과의 토론에서 왜 진리의 천사를 내동댕이치고 친절 천사의 제안을 받아들여 인간을 만들자고 했을까요?
5) 진리의 천사를 땅에 내동댕이쳐서 진리가 땅에서 솟아나게 한 이유는 무엇일까요?

---

19) 제 3장에 예시된 '내용·사실 질문, 심화·상상질문, 3단계로 해석하기'는 2021년 상반기 양동일 저자와 함께 진행한 〈위대한 도전, 페이백 프로젝트〉에 참여한 교육생들이 작성한 것을 발췌해서 수록했다.

3. 3단계 해석하기 예시

1) 저는 이 이야기가 친구(독자)들에게 옳음보다 친절을 선택하라는 것을 말한다고 생각해요.

제가 그렇게 생각한 이유는 이 이야기에서 신에게 인간은 친절을 실천할 수 있다고 말한 친절 천사의 제안이 받아들여졌고 인간은 거짓말쟁이라고 말한 진리의 천사는 내동댕이쳐졌다고 나와 있는 부분 때문입니다.

그래서 저는 이 이야기가 옳고 그름을 판단하기보다 친절을 선택하라는 것을 말한다고 생각하게 되었습니다.

2) 저는 이 이야기가 친구(독자)들에게 인간을 긍정적 관점으로 보라는 것을 말한다고 생각합니다.

제가 그렇게 생각한 이유는 다음과 같습니다. 진리의 천사와 평화의 천사는 인간이 거짓되고, 온통 싸움판이라는 것을 근거로 들어 부정적 관점으로 바라보며 인간 만들기를 반대했습니다. 하지만 친절의 천사는 인간이 친절을 실천할 수 있다고 긍정적인 존재로 바라보며 인간 만들기를 찬성하여 결론적으로 신이 친절 천사의 의견을 받아들이는 이 부분 때문입니다.

그래서 저는 이 이야기가 인간을 긍정적 시각으로 보라는 것을 말한다고 생각하게 되었습니다.

3) 저는 이 이야기가 인간을 진리 안에서 성장할 수 있는 존재로 본다는 것을 말한다고 생각합니다.

제가 이렇게 생각한 이유는 이야기의 끝부분에서 신이 진리의 천사를 땅으로 내동댕이치며 진리는 땅에서 솟아날 것이라고 말한 부분 때문입니다. 이 부분에서 진리가 땅에서 솟아나오듯이 인간도 땅에서 진리의 영과 함께 성장할 수 있는 존재로 볼 수 있습니다.

그래서 저는 인간은 진리 안에서 성장할 수 있는 존재라고 생각하게 되었습니다.

4. 교사의 쉬우르[20]

첫 번째 이야기 '친절 천사의 제안'은 이 워크북 전집 중에서 가장 중요한 내용으로 이 이야기만 완전히 이해해도 하브루타의 철학과 정신을 이해했다고 볼 수 있습니다. 이 이야기에는 신이 인간을 만들 때 세 천사와 격론을 벌인 장면이 소개됩니다. 어쩌면 우리 인간의 본성을 그대로 묘사했는지 모릅니다.

진실을 말하는 진리의 천사는 '인간이 모두 거짓말쟁이'이기 때문에 인간을 만들어서는 안 된다고 말합니다. 평화의 천사는 '인간은 모두 싸움판'이기 때문에 인간을 만들어서는 안 된다고 말합니다. 하지만 친절의 천사는 '인간이 친절을 실천할 수 있기 때문에' 만들어야 한다고 주장합니다.

진리의 천사는 인간이 진실공방하는 모습을 드러내고 평화의 천사는 인간이 싸움하는 모습을 드러냈습니다. 그러나 친절의 천사는 인간에게 있는 '희망'을 보았습니다. 그것은 바로 인간이 친절을 실천할 수 있다는 가능성이었습니다.

신은 인간을 만들고자 '열망'했습니다. 따라서 어떻게든 신은 전세를 역전시킬 필요가 있었습니다. 신이 진리의 천사를 내동댕이치는 장면은 신에 대해 다소 냉소적이게 만들지만 여기서 중요한 것은 인간에게 남은 유일한 희망은 바로 '친절'이라는 사실입니다.

여러분!
진실보다 평화를 더 추구하십시오. 그 평화를 추구하기 위해 친절을 실천해 주십시오. 이웃 사랑의 시작은 바로 선행을 베푸는 '친절'입니다. 여러분 모두 친절 천사가 되어 주세요.

---

20) 쉬우르(Shiur): 쉬우르는 교사가 수업의 말미에 진행하는 전체토론 또는 수업의 형태로서 본문에 대한 더 높은 수준의 해석을 함께 공유하는 과정이다.

하브루타 독서스쿨 레벨 1-2

닭을 대접한 아들과 방아꾼 아들

어떤 사람이 아버지에게 닭을 잡아 극진히 대접했다.

아버지가 물었다.

"이 닭을 어디서 구했느냐?"

아들은 퉁명스럽게 대답했다.

"아버지, 그런 걱정은 하지 마시고, 어서 많이 잡수시기나 하세요."

그래서 아버지는 더 이상 묻지 않았다.

또 한 사람은 밀을 빻아 밀가루를 만드는 방아꾼이었다.

왕이 나라 안에 방아꾼을 소집한다는 포고령을 내렸다.

그는 아버지에게 자기 대신 방앗간을 돌보게 하고

왕이 있는 궁성으로 갔다.

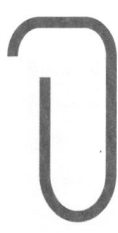

1. 내용 · 사실 질문 예시

1) 어떤 사람은 아버지에게 무엇을 잡아 극진히 대접했을까요?
2) 아버지가 이 닭을 어디서 구했느냐고 아들에게 물었을 때 아들은 어떤 말투로 대답했을까요?
3) 아버지의 질문에 닭을 대접한 아들은 무엇이라고 대답했나요?
4) 아들의 퉁명스러운 대답을 듣고 난 뒤 아버지는 어떻게 했나요?
5) 아들로 나오는 또 한 사람의 직업은 무엇인가요?
6) 방아꾼은 어떤 일을 하는 사람인가요?
7) 왕은 나라 안에 무엇을 내렸나요?
8) 왕이 나라 안에 내린 포고령의 내용은 무엇인가요?
9) 방아꾼은 누구에게 자기 대신 방앗간을 돌보게 했을까요?
10) 방아꾼은 아버지에게 방앗간을 돌보게 하고 어디로 갔나요?

2. 심화 · 상상 질문 예시

1) 아버지가 아들에게 닭을 어디서 구했는지 물어본 의도는 무엇일까요?
2) 아들이 아버지에게 닭을 극진히 대접하고 퉁명스럽게 대답한 이유는 무엇일까요?
3) 아버지의 물음에 퉁명스럽게 대답한 아들의 기분은 어떠했을까요?
4) 퉁명스럽게 대답한 아들의 대답을 듣고 아버지는 더 이상 묻지 않았는데 아버지의 심정은 어떠했을까요?
5) 방앗간을 돌보라는 아들의 부탁에 아버지는 어떤 마음이 들었을까요?

3. 3단계 해석하기 예시

1) 저는 이 이야기가 친구(독자)들에게 자녀가 부모를 대하는 태도(말투, 자세)가 어떠한가에 따라 부모와의 관계도 달라질 수 있다는 것을 말한다고 생각해요.

제가 그렇게 생각한 이유는 다음과 같습니다. 닭을 대접한 아들이 퉁명스럽게 대답하자 아버지는 더 이상 묻지 않아서 아버지와 소통의 단절이 일어났습니다. 반면, 또 다른 아들인 방아꾼은 왕의 포고령에 따라 떠나게 되자 방앗간을 아버지에게 맡김으로써 아버지에게 일거리 제공은 물론 신뢰하는 관계로 되었을 것이라 추정되기 때문입니다.

그래서 저는 이 이야기가 자식이 부모에게 대하는 태도에 따라 부모와의 관계도 달라질 수 있다는 것을 말한다고 생각하게 되었습니다.

2) 저는 이 이야기가 행동과 말이 일치해야 자신의 선한 의도가 잘 전달된다는 것을 말한다고 생각합니다.

제가 그렇게 생각한 이유는 아들이 아버지에게 닭을 극진하게 대접하는 행동을 보였으나 아버지의 물음에 퉁명스럽게 대답하여 아버지의 말문을 막아버리는 일이 일어났기 때문입니다.

그래서 저는 자신의 선한 의도를 잘 전달하기 위해서는 언행일치가 중요하다고 생각하게 되었습니다.

3) 저는 이 이야기가 친구(독자)들에게 인간관계에서 때때로 침묵이 필요하다는 것을 가르쳐 준다고 생각해요.

제가 그렇게 생각한 이유는 퉁명스럽게 대답하는 아들에게 아버지는 더 이상 묻지 않고 침묵을 선택함으로써 아들과의 관계가 더 악화되는 일을 피했기 때문입니다.

그래서 저는 이 이야기가 인간관계에 때때로 침묵이 필요하다는 것을 가르친다고 생각하게 되었습니다.

4. 교사의 쉬우르

'친절 천사의 제안' 이야기를 통해 인간의 본성 중 '친절'이 인간 창조의 희망이라는 것을 알게 되었습니다. 인간은 전쟁이 아니라 평화를, 경쟁이 아니라 협력을, 미움이 아니라 사랑을 실천할 수 있다는 점입니다. 그 사랑의 실천으로 우선 부모 공경을 들 수 있습니다. 자녀 사랑이 아니라 부모 공경이 먼저 나온 이유는 무엇일까요? 자녀 사랑은 특별히 언급하지 않아도 자연스러운 현상이기 때문입니다. 오히려 부모 공경은 의지를 갖지 않으면 어렵다는 것입니다.

부모 공경은 어떤 모습일까요? 예로부터 부모의 의복을 살피고 음식을 대접하며 여름에는 시원하게 겨울에는 따뜻하게 해 드리는 것이 부모 공경의 시작이라고 했습니다. 그러나 모든 부모 공경의 형태가 다 옳은 것은 아닙니다. 부모에게 형식적으로 아무리 잘한다고 하더라도 부모에 대한 마음과 태도와 자세가 그릇되면 오히려 부모의 마음을 상하게 할 수 있습니다. 이 이야기의 본래 제목은 '천국과 지옥'입니다.

첫 번째 이야기는 닭을 극진히 대접하는 아들에게 아버지가 닭의 출처를 묻자 쌀쌀맞게 대답한 아들의 이야기입니다. 아들에게 따뜻한 대답이 돌아오지 않자 아버지는 더 이상 묻지 않고 불편한 마음으로 식사를 하게 됩니다. 두 번째 이야기는 왕궁에 큰일이 났는지 왕이 방아꾼을 소집한다는 포고령으로 시작합니다. 옛날에는 전쟁이 나거나 왕궁의 잔치가 생기면 떡을 만드는 방아꾼을 각 가정 당 한 명씩 소집했답니다. 아들은 연로하신 아버지를 위해 더 어렵고 큰일을 자청해서 왕궁으로 향합니다. 아버지는 그 아들의 효심을 이해하게 됩니다.

아무리 부모에게 진수성찬을 대접하더라도 부모를 대하는 태도가 친절하지 않다면 그 가정은 지옥이나 다름없습니다. 반대로 부모에게 어려운 일을 맡기더라도 부모를 지키려는 사랑의 마음이 전달되었다면 그 가정이 천국일 겁니다.

하브루타 독서스쿨 레벨 1-3

이해하지 못한 아이

1. 어떤 아이가 한번은 그의 아버지 어깨 위에 무등을 탔다.

2. 그 아이는 자기가 원하는 것을 보았을 때 그의 아버지에게 말했다.

3. 저것 좀 내게 주세요! 그리고 아버지는 그렇게 했다. 한 번, 두 번, 세 번.

4. 그들이 길을 걷고 있을 때 아들은 아버지의 친구를 보았다.

5. 그 아들은 이 아저씨에게 물었다: 당신은 아버지를 본 적이 있어요?

6. 그의 아버지는 그때 화가 나서 말했다: 어리석은 녀석, 너는 내 어깨에

   무등을 타고 네가 원하는 모든 것을 네게 주었건만.

7. 그가 무엇을 했을까?

   그는 아들을 어깨 위에서 내려 내동댕이쳤다.

8. 그때 개가 와서 그를 물었다.

1. 내용·사실 질문 예시

1) 아이는 아버지 어깨 위에 무엇을 탔을까요?
2) 아이는 자기가 원하는 것을 보았을 때 그의 아버지에게 무엇이라고 말했나요?
3) 아들은 아버지에게 저것을 가리키며 몇 번이나 달라고 요청했나요?
4) 아버지와 아들이 길을 걷고 있을 때 아들은 누구를 보았나요?
5) 아들은 아버지의 친구에게 누구를 본 적이 있는지 물었을까요?
6) 아들이 아버지 친구에게 "당신은 아버지를 본 적이 있어요?" 라고 물었을 때 그의 아버지는 어떤 감정을 느꼈을까요?
7) 아들이 아버지 친구에게 "당신은 아버지를 본 적이 있어요?" 라고 물었을 때 아버지는 무엇이라고 말했나요?
8) 화가 난 아버지는 어떻게 행동했나요?
9) 아버지가 아들을 내동댕이쳤을 때 어떤 동물이 왔을까요?
10) 아버지가 아들을 내동댕이쳤을 때 개가 와서 어떻게 했나요?

2. 심화·상상 질문 예시

1) 아버지가 아들을 무동 태우며 아들이 원하는 것을 들어줬을 때 아버지와 아들 각자의 마음은 어떠했을까요?
2) 아버지는 왜 아들에게 원하는 것을 다 들어주면서 거절하거나 혹은 그것이 왜 필요한지 묻지 않았을까요?
3) 아이는 아저씨에게 어떤 의도로 "당신은 아버지를 본 적이 있어요?" 라는 질문을 했을까요?
4) 아이가 원하는 것을 모두 주었지만 아들을 어깨 위에서 내려 내동댕이치는 아버지의 마음은 어떠했을까요?
5) 아버지는 아들을 어깨 위에서 내려 내동댕이쳤는데 이때 아들의 심정은 어떠했을까요?

3. 3단계 해석하기 예시

1) 저는 이 이야기가 친구(독자)들에게 부모님의 수고를 당연히 여기지 말고 감사의 마음을 가져야 함을 말한다고 생각해요.

제가 그렇게 생각한 이유는 이 이야기에서 아버지가 "너는 내 어깨에 무동을 타고 네가 원하는 모든 것을 너에게 주었건만"이라고 말하며 어깨 위에서 내려 내동댕이친 부분 때문입니다. 모든 것을 준 아버지의 수고를 잊은 아들의 태도로 인해 아버지는 화가 나서 아들을 내동댕이쳤을 것입니다.

그래서 저는 부모님의 모든 수고를 잊지 말고 감사의 마음을 가져야 한다고 생각합니다.

2) 저는 이 이야기가 친구(독자)들에게 부모와 자식 간 소통의 중요성을 이야기하는 것 같습니다.

제가 그렇게 생각한 근거는 아들의 "아버지를 본 적이 있어요?"라는 질문과 아버지가 아들을 내동댕이쳤다는 내용 때문입니다. 서로가 대화로 좀 더 소통을 잘 했더라면 이런 일이 생기지 않았을 것으로 생각합니다.

그래서 저는 이 이야기가 부모와 자식 간 소통의 중요성에 대해 말한다고 생각하게 되었습니다.

3) 저는 이 이야기가 친구들에게 부모의 지나친 사랑이 어리석은 자녀를 만들 수 있다고 말하는 것으로 생각합니다.

제가 그렇게 생각한 이유는 아버지는 무동을 탄 아들의 요구를 다 들어주었는데 아들은 "아버지를 본 적이 있어요?"라는 말로 아버지의 존재와 사랑을 잊어버렸기 때문입니다.

그래서 저는 부모의 지나친 사랑이 어리석은 자녀를 만들 수 있다고 생각하게 되었습니다.

4. 교사의 쉬우르

이 이야기는 크게 두 가지로 해석할 수 있습니다. 첫째, 자녀의 관점에서 해석해 볼 수 있으며 둘째, 부모의 관점에서 해석해 볼 수 있습니다. 이렇게 두 가지로 해석할 수 있는 근거는 아이가 아버지의 친구에게 "당신은 아버지를 본 적이 있어요?"라고 물었을 때 '아버지'와 마지막 문장 '그때 개가 와서 그를 물었다'라는 문장에서 '그'의 모호성 때문입니다.

첫째, 자녀의 관점에서 아버지의 사랑을 '이해하지 못한 아이'라고 해석할 수 있습니다. 아이는 아버지가 모든 요구를 들어줄 때 아버지를 귀하게 여기지 못하고 아버지의 친구에게 "당신은 아버지를 본 적이 있어요?"라고 묻는 것입니다. 여기서의 아버지는 무동을 탄 자신의 아버지를 가리킵니다. 아버지의 헌신적인 사랑을 느끼지 못한 아이가 배은망덕한 말을 하자, 아버지는 아이를 땅바닥에 내동댕이쳤습니다. 그때 개가 와서 아이를 물어버렸던 것입니다.

이 해석은 부모의 사랑을 모른 채 부모를 가볍게 여기는 사람들에게 경종을 울리는 관점으로 볼 수 있습니다. 이것은 더 나아가 영적인 관점으로 해석해 볼 수 있습니다. 인간을 '하나님의 자녀'로 본다면, 하나님의 사랑과 도움을 모른 채 살아가는 인간들이 당하는 심판을 이야기한다고도 볼 수 있습니다.

둘째, 부모의 관점에서 자녀의 요구에 인내하지 못하고 감정적으로 대처하는 부모들을 경계하는 것으로 해석할 수 있습니다. 어린 자녀는 타인에 대한 인식이 낮을 수밖에 없습니다. 어린 아이들은 이기적인 측면이 있으며 부모의 사랑을 당연히 여기고 그것을 인식하지 못할 수 있습니다. 그렇다고 해서 부모가 참을성 없이 자녀를 내동댕이쳐서는 안 됩니다. 그래서 그때 개가 와서 아버지를 물어버렸던 것입니다.

앞서 두 번째 이웃사랑의 시작이 '부모 공경'이라면, 이제 거꾸로 부모의 '자녀 사랑'은 어떠해야 하는지 알려주는 이야기입니다. 물론 부모의 자녀 사랑은 '내리사랑'이라고 해서 당연한 것처럼 보이지만 세상 모든 부모들이 건강하게 자녀를 사랑하는 것은 아닙니다. 부모는 어떻게 자녀를 사랑해야 할까요? 어떤 상황 속에서도 분노로 자녀를 대하지 않고 사랑으로 대할 줄 알아야 합니다.

하브루타 독서스쿨 레벨 1-4

넘어온 나뭇가지

두 집 사이에 담장이 있었다. 한 집은 담장 밑에 채소를 심었는데 옆집 나뭇가지가 담을 넘어와서 그늘이 생기자 그 밑의 채소가 제대로 자라지 못했다. 그래서 이웃집에 담장을 넘어온 가지만 잘라달라고 요청했다. 그러나 옆집 사람이 말했다.

"그 나무는 균형 잡힌 모습입니다. 한쪽을 자르면 값이 나가지 않습니다. 자를 수 없습니다."

채소를 심은 사람은 할 수 없이 랍비에게 가서 해결책을 요구했다. 랍비는 가만히 듣더니 말했다.

"내일 판결하겠습니다."

둘은 하는 수 없이 집으로 돌아갔다가 다음 날 랍비를 다시 찾아갔다.

랍비가 말했다. "잘라야 합니다." 한 사람이 물었다.

"그렇게 간단한 이야기를 왜 어제 말하지 않고 하루를 미루었습니까?"

랍비는 대답했다.

"잘라야 한다고 말하려다 보니 우리집 나무가 옆집 담장을 넘어가 있는 것을 알았습니다. 그래서 어제 가서 먼저 자르고 오늘 잘라야 한다고 말한 것입니다."

1. 내용·사실 질문 예시

1) 두 집 사이에는 무엇이 있었을까요?
2) 두 집 중 한 집은 채소를 어디에 심었나요?
3) 옆집 나뭇가지가 담을 넘어와서 무엇이 생겼을까요?
4) 채소를 키우는 이웃이 담장 밑에 채소가 제대로 자라지 못하자 옆집에 어떤 요청을 했을까요?
5) 넘어온 가지를 잘라달라고 요청한 이웃에게 옆집 사람이 거절한 이유는 무엇인가요?
6) 채소를 심은 사람은 할 수 없이 누구에게 가서 해결책을 요구했나요?
7) 사연을 들은 랍비는 언제 판결하겠다고 했나요?
8) 랍비는 왜 하루 미뤄서 판결했나요?
9) 랍비는 판결을 하루 미루는 동안 무엇을 했을까요?
10) 랍비는 넘어온 나뭇가지에 대해서 어떤 판결을 내렸을까요?

2. 심화·상상 질문 예시

1) 채소를 심은 사람은 넘어온 나뭇가지 때문에 잘 자라지 못하는 채소를 보고 어떤 마음이 들었을까요?
2) '나뭇가지를 잘라달라'는 요청을 거절당한 채소밭 주인의 심정은 어떠했을까요?
3) 문제가 해결되지 않아 랍비를 찾아가는 두 사람의 심정은 어떠했을까요?
4) 왜 두 사람은 스스로 문제를 해결하지 않고, 랍비에게 해결책을 구했을까요?
5) 랍비는 두 사람에게 어떤 의도로 다음 날 판결을 내렸을까요?

3. 3단계 해석하기 예시

1) 저는 이 이야기가 친구(독자)들에게 남에게 조언하기 전에 자신의 행동을 돌아봐야 한다는 것을 말한다고 생각해요.
 제가 그렇게 생각한 이유는 랍비가 판결을 먼저 하지 않고 자신의 집 나뭇가지가 남의 담장을 넘어간 것을 해결하고 나서 판결하는 부분 때문입니다.
 그래서 저는 이 이야기가 남에게 조언하기 전에 자신의 행동을 먼저 돌아봐야 함을 말한다고 생각하게 되었습니다.

2) 저는 이 이야기가 이웃관계에서 서로 간에 선을 잘 지킬 줄 알아야 좋은 관계로 유지할 수 있다는 것을 말한다고 생각합니다.
 그 이유는 담장 너머로 온 나뭇가지로 인해 이웃집의 채소가 잘 자라지 못했기 때문입니다. 만약 담장 너머로 나뭇가지가 넘어오지 않게 했더라면 그늘이 생기지 않아 채소가 잘 자랐을 것입니다.
 그래서 저는 이 이야기가 이웃관계에서 서로 간에 선을 잘 지켜야 함을 말해 준다고 생각하게 되었습니다.

3) 저는 이 이야기가 주체가 되는 삶의 자세에 대해서 생각해 보라고 말한다고 생각해요.
 제가 그렇게 생각한 이유는 이웃 간의 문제에 대해 랍비를 찾아가 해결책을 요구한 부분 때문입니다. 이것은 이웃 간에 문제가 발생했을 때 서로 충분히 상의하면서 원만히 해결할 수 있는 기회를 두 사람 모두 스스로 포기했다고 볼 수 있습니다.
 그래서 저는 주체가 되는 삶의 자세를 갖추어야 한다고 생각하게 되었습니다.

4. 교사의 쉬우르

 워크북 1권의 마지막 이야기는 '넘어온 나뭇가지'를 통해 가르치는 자의 자세가 어떠해야 하는지를 말해주고 있습니다. 물론 이 이야기는 다양한 대화의 소재거리를 가지고 있습니다.

 우리집의 어떤 물건이 이웃집으로 넘어가서 어떤 손해를 끼쳤다면 누가 배상해야 할까요? 예를 들어 불이 나서 불씨가 날아가 이웃집 곡식단을 태웠다면 누가 책임져야 할까요? 또한 냄새나 연기 같은 것이 날아가서 이웃집에 피해를 끼칠 수도 있습니다. 지붕 위에 난간을 설치하지 않아 지붕 위의 어떤 물건이 바람에 날려 상해를 입힐 수도 있습니다.

 이런 손해 배상은 원천적으로 문제를 발생시킨 쪽에서 배상을 해야 합니다. 예를 들어 불씨를 관리하지 않은 사람, 냄새나 연기를 발생시킨 사람, 지붕 위에 난간을 설치하지 않은 사람이 손해를 배상하게 되어 있습니다. 그렇다면 '넘어온 나뭇가지'의 경우도 나뭇가지 주인이 이웃집 채소가 자라지 않는 것에 대해 근본적인 책임을 물어야 합니다.

 이런 일들은 일상생활을 하는 우리 주변에 많이 발생할 수 있습니다. 하지만 상황에 따라 슬기롭게 문제를 해결하지 못할 수 있습니다. 우리에게 중재자가 필요한 이유는 아주 민감한 사건에 대해 서로 얼굴을 붉히지 말아야 하는 상황이 있기 때문입니다. 누군가 현명한 사람이 판단을 해 준다면 더할 나위 없이 좋겠지요.

 이 이야기에서 랍비는 배상법에 대해 너무도 잘 알고 있는 사람입니다. 이웃 간에 '넘어온 나뭇가지' 때문에 분쟁이 일어났다면 그 자리에서 판결을 내려줄 수 있었습니다. 하지만 랍비는 본인의 집에 있는 나뭇가지가 생각났던 모양입니다. 먼저 집에 가서 그 나뭇가지를 자르고 다시 와서 두 사람의 분쟁에 현명한 판단을 내렸습니다. '말하기'에 앞서 '실천하기'의 중요성을 잘 말해주는 이야기로 볼 수 있습니다.

하브루타 독서스쿨 레벨 2-1

왕명을 어긴 이유

랍비 슈무엘은 중세의 위대한 시인 중 한 사람이었으며 아랍의 그라나다왕의 고문이기도 했다.

어느 날 왕을 따라 거리를 걷고 있었는데 한 사나이가 와서 랍비에게 욕을 퍼부었다. 왕은 노하여 고문인 랍비에게 명했다.

"저 사나이를 붙잡아다가 혀를 뽑으라고 호위병에게 명령하시오."

그러자 랍비는 왜 욕을 했는지 알아보라고 명령했다. 그러자 그 사나이는 살 집도 없고 의식주도 해결되지 않은 가난한 시인이라는 것을 알았다.

랍비는 그를 위해 집을 마련해 주고 생활에 필요한 돈을 주었다. 얼마 안 되어 두 사람은 친한 친구가 되었다.

왕이 또 어느 날 랍비를 대동하고 거리를 걸어가자니 그 가난한 시인이 달려왔다. 그러나 이번에는 왕과 고문에게 감사하고 칭송하며 축복했다. 이상하게 생각한 왕은 랍비에게 물었다.

"나는 그대에게 저 사나이의 혀를 뽑으라고 명한 바 있는데 어찌하여 그 명령에 따르지 않은 거요?"

랍비 슈무엘이 대답했다.

"저는 명령대로 했습니다. 저는 그 사나이의 나쁜 혀를 뽑아내고 그 대신 좋은 혀를 주었던 것입니다."

1. 내용·사실 질문 예시

1) 랍비 슈무엘은 어떤 사람인가요?
2) 아랍의 그라나다왕의 고문은 누구인가요?
3) 왕과 랍비가 거리를 걷고 있을 때 다가온 사나이는 누구에게 욕을 퍼부었나요?
4) 왕은 랍비에게 욕을 퍼부은 사나이를 어떻게 하라고 명령했나요?
5) 사나이가 왜 욕을 했는지 알아보라고 명령한 랍비는 어떤 사실을 알게 되었을까요?
6) 랍비에게 욕을 퍼부은 사나이의 직업은 무엇인가요?
7) 랍비는 가난한 시인을 위해 무엇을 해 주었을까요?
8) 랍비가 가난한 시인을 위해 집을 마련해 주고 필요한 돈을 주자 두 사람은 어떤 관계가 되었을까요?
9) 왕이 또 어느 날 랍비를 대동하고 다시 거리를 걸어갈 때 그 가난한 시인이 달려와 누구에게 감사하고 칭송하며 축복했나요?
10) 왕이 랍비에게 사나이의 혀를 뽑으라고 명한 바 있는데 어찌하여 그 명령에 따르지 않은 거냐고 했을 때 랍비 슈무엘은 어떤 대답을 했을까요?

2. 심화·상상 질문 예시

1) 욕을 한 사나이를 붙잡아다가 혀를 뽑으라는 왕의 명령을 따르지 않고, 그 사나이가 욕을 왜 했는지 알아보라고 명령한 랍비의 의도는 무엇일까요?
2) 욕을 한 사나이의 사정을 알게 된 랍비 슈무엘은 어떤 생각이 들었을까요?
3) 랍비는 왜 그 사나이를 위해 집을 마련해 주고 생활에 필요한 돈을 주었을까요?
4) 욕을 한 사나이는 랍비로부터 집과 필요한 돈을 받게 되었을 때 어떤 기분이 들었을까요?
5) 왕은 왕의 명령대로 했다는 랍비 슈무엘에 대해 어떤 마음을 느꼈을까요?

3. 3단계 해석하기 예시

1) 저는 이 이야기가 공감과 실질적 도움은 인간의 태도를 바꿀 수 있다는 것을 말한다고 생각합니다.

그 이유는 랍비 슈무엘이 자신에게 욕을 했던 가난한 시인의 사정에 공감하고 실질적으로 도움을 주자 그들은 친한 친구가 되었기 때문입니다. 이후에 가난한 시인이 왕과 랍비에게 감사하고 칭송하면서 바뀐 인간의 태도 변화를 보여주었습니다.

그래서 저는 공감과 실질적 도움은 인간의 태도를 바꿀 수 있다고 생각하게 되었습니다.

2) 저는 이 이야기가 독자들에게 누군가를 진정으로 돕기 위해서는 내면의 힘과 지혜를 갖고 있어야 함을 말한다고 생각합니다.

제가 그렇게 생각한 이유는 랍비가 자신에게 욕을 한 사나이의 상황을 살피고 오히려 도와주었던 것에서 내면의 힘이 있었다고 생각해요. 그리고 왕의 명령에 왜 따르지 않았냐는 질문에 나쁜 혀를 뽑고 대신 좋은 혀를 주었다고 지혜롭게 대답한 부분 때문입니다.

그래서 저는 진정으로 누군가를 돕고 사랑하기 위해서는 내면의 힘과 지혜를 갖고 있어야 한다고 생각하게 되었습니다.

3) 저는 이 이야기가 형벌보다는 사람의 처지를 이해하고 감화시키는 것이 중요하다는 것을 말해 준다고 생각합니다.

그 근거로는 랍비가 왕의 명령으로 사나이의 혀를 뽑는 형벌을 주는 대신에 그 사람의 형편을 이해하여 거처와 생활비를 지원해 주고 친한 친구가 된 부분입니다. 결국 그 사나이는 왕과 랍비에 대해 감사하고 칭송하며 축복까지 하게 되었습니다. 랍비가 그 사나이에게 왕의 명령대로 형벌을 내렸으면 원한을 가진 사람을 만들었을 것인데 오히려 감화시켜 왕을 칭송하게 만들었기 때문입니다.

그래서 사람이 잘못했을 때 벌을 주기보다는 그 사람의 처지에 대해 이해하고 좋은 사람으로 감화시켜 주는 것이 중요하다고 생각하게 되었습니다.

4. 교사의 쉬우르

우리는 대개 나를 좋아하는 사람을 사랑할 수 있지만 내게 적대감을 가진 사람을 사랑하기란 쉽지 않습니다. 나를 싫어하는 사람을 어떻게 내 친구로 만들 수 있을까요? 이 이야기 속에서도 어떤 가난한 시인이 왕과 함께 거리를 걷고 있는 랍비에게 느닷없이 욕설을 퍼부었습니다. 왕과 함께 길을 걷는 왕의 고문을 대놓고 비난하기란 쉽지 않으며 어떤 경우에는 목숨을 각오해야 할 수도 있습니다.

왕이 그런 무례한 시인의 혀를 뽑으라고 랍비 슈무엘에게 명령한 것은 당연한 일입니다. 왕의 권위에 대항하는 것이나 다름이 없기 때문입니다. 하지만 이 명령을 들은 랍비 슈무엘은 왕의 명대로 하지 않았습니다. 슈무엘에게 왕의 명령을 거부하는 것도 쉽지 않은 일입니다.

랍비 슈무엘은 이런 어려운 문제를 어떻게 해결했을까요? 만약 왕의 명령대로 그 사나이의 혀를 뽑는다면 어떤 일이 발생할까요? 모든 백성이 잔혹한 사건에 대해서 비난하고 그 몫은 고스란히 왕이 받게 될 것입니다. 랍비 슈무엘은 진정으로 사람을 이해해 보려고 했으며 처지를 공감해 주었습니다. 그 가난한 시인에게 살 집과 먹을 것과 입을 것을 해결해 주었습니다. 생활에 필요한 돈도 주었습니다. 얼마 되지 않아 두 사람이 친구가 되었습니다.

대부분의 사람들이 하는 삶의 고민은 의식주입니다. 친구가 되기 위해서는 말로만 '사랑한다'라고 하지 않고 친구의 어려움을 보살피고 돌보아야 합니다. 랍비 슈무엘은 진정으로 사람을 돌보는 지혜를 가진 사람이었습니다.

지도자는 낮은 처지에 있는 사람의 '먹고 사는 것'을 돌아볼 줄 아는 사람이어야 합니다. 또한 어려운 사람들을 공감하고 이해할 수 있는 사람이어야 합니다. 왕은 비난하는 자의 혀를 뽑아 비난과 악행을 막으려 했지만 랍비는 강제로 사람의 입을 막는 것보다 지혜를 발휘하여 그 입으로 왕을 찬양하도록 만들었습니다.

하브루타 독서스쿨 레벨 2-2

복수와 증오

어떤 남자가 이웃에게 말했다.

"자네가 가지고 있는 솥을 좀 빌려주게나." 그러자 그 이웃은 "싫네." 라고 한 마디로 거절했다.

며칠이 지난 뒤 이번에는 반대로 앞서 거절했던 그 이웃이 찾아와

"자네의 말을 좀 빌려주게" 하고 부탁했다.

그러자 그는 이렇게 대답했다. "자네가 솥을 빌려주지 않았으니 나도 말을 빌려줄 수가 없네." 이것은 복수다.

어떤 남자가 이웃에게 말했다. "자네가 가지고 있는 솥을 좀 빌려주게나."

그러자 그 이웃은 "싫네." 라고 한 마디로 거절했다. 며칠이 지난 뒤 이번에는 반대로 앞서 거절했던 그 이웃이 찾아와 "자네의 말을 좀 빌려주게" 하고 부탁했다.

그러자 그는 이렇게 대답했다. "자네는 자네가 가지고 있는 솥을 내게 빌려주지 않았으나, 나는 자네에게 내 말을 빌려주겠네."

이것은 증오다.

1. 내용·사실 질문 예시

1) 복수에 관한 이야기에서 어떤 남자가 그 이웃에게 빌려 달라고 한 것은 무엇인가요?
2) 복수에 관한 이야기에서 솥을 빌려 달라고 했던 어떤 남자의 요청에 그 이웃은 무엇이라고 말하며 거절했나요?
3) 복수에 관한 이야기에서 솥을 빌려 달라고 했던 어떤 남자에게 그 이웃은 어떻게 반응했을까요?
4) 복수에 관한 이야기에서 솥을 빌려주길 거절했던 그 이웃은 며칠 뒤 어떤 남자에게 무엇을 빌려 달라고 했나요?
5) 복수에 관한 이야기에서 어떤 남자가 솥을 빌려주지 않았으니 나도 말을 빌려줄 수가 없다고 대답한 것을 무엇이라고 했나요?
6) 증오에 관한 이야기에서 어떤 남자가 그 이웃에게 빌려 달라고 한 것은 무엇인가요?
7) 증오에 관한 이야기에서 솥을 빌려 달라고 말한 남자에게 그 이웃은 뭐라고 하며 거절했나요?
8) 증오에 관한 이야기에서 어떤 남자가 가지고 있는 것은 무엇일까요?
9) 증오에 관한 이야기에서 솥 빌려주기를 거절했던 그 이웃이 며칠이 지난 뒤 이번에는 반대로 이웃에게 찾아와 무엇을 부탁했나요?
10) 증오에 관한 이야기에서 상대방이 나에게 그가 가진 것을 빌려주지 않았을 때 내가 가진 것을 어떻게 하는 것이 증오라고 했나요?

2. 심화·상상 질문 예시

1) 솥을 빌려 달라 했을 때 이웃에게 거절받은 남자의 심정은 어떠했을까요?
2) 솥을 빌려주지 않고 거절한 이웃의 의도는 무엇일까요?
3) 솥을 빌려 달라는 남자의 요청을 자신은 거절하고 그 남자에게 말을 빌려 달라고 부탁했을 때 어떤 기분이 들었을까요?
4) 솥을 빌려주지 않았으나 말을 빌려주겠다라며 이것은 증오라고 한 이 남자의 의도는 무엇일까요?
5) "자네는 자네가 가지고 있는 솥을 내게 빌려주지 않았으나, 나는 자네에게 내 말을 빌려주겠네"라는 이 말을 들은 사람의 심정은 어떠했을까요?

3. 3단계 해석하기 예시

1) 저는 이 이야기가 친구(독자)들에게 증오는 남의 허물을 드러내어 그 사람을 부끄럽게 하는 것을 말한다고 생각해요.
제가 그렇게 생각한 이유는 자신에게 솥을 빌려주지 않았던 상대에게 말을 빌려주겠다고 말한 부분 때문입니다. 이 말을 들은 사람은 자신의 허물이 떠올라서 수치심을 느꼈을 것이고 본문에서도 이것을 증오라고 말하고 있기 때문입니다.
그래서 저는 증오는 상대방의 허물을 드러내어 그 사람에게 수치심을 느끼게 만드는 것으로 생각하게 되었습니다.

2) 저는 이 이야기가 복수도 증오도 마음에 품지 말라는 것을 말하는 것 같습니다.
제가 그렇게 생각한 근거는 "나도 빌려줄 수 없네" 라는 문장과 "자네는 내게 빌려주지 않았으나 나는 자네에게 빌려주겠네" 라는 문장입니다. 이 두 말을 들은 상대는 마음이 상할 것이고, 그 말을 한 사람도 결국 마음이 편하지 않을 것이라는 생각 때문입니다.
그래서 저는 이 이야기가 복수도 증오도 마음에 품지 말라는 것을 말한다고 생각하게 되었습니다.

3) 저는 이 이야기가 사람의 인격은 드러난 행동만으로 평가할 수 없다고 말하는 것 같습니다.
제가 그렇게 생각한 근거는 상대는 빌려주지 않았지만 자신은 빌려준다고 말한 부분입니다. 자신의 행동이 옳다고 강조하면서 교묘하게 상대에게 모욕감을 주었기 때문입니다.
그래서 저는 이 이야기를 통해 선한 행동은 숨은 의도까지 선해야 한다고 생각하게 되었습니다.

4. 교사의 쉬우르

이 이야기는 비슷한 상황을 비교하며 서로 다른 두 가지 개념을 이해할 수 있는 이야기입니다. 바로 '복수'와 '증오'의 개념입니다. 복수와 증오는 어떤 면에서 다를까요? 첫째, '복수'란 상대방이 내게 행한 잘못을 그대로 갚아주는 것을 말합니다. 둘째, '증오'란 잘못을 갚아주는 것의 차원을 넘어 미움과 혐오를 계속 가지고 있는 것입니다. 복수는 되갚는 행위를 통해 종결되지만 증오는 죽을 때까지 남을 수 있습니다.

이 이야기는 왜 복수보다 증오가 더 나쁜 죄악인지를 알려줍니다. 어떤 이들은 이 이야기를 잘못 해석하여 두 번째 이야기가 '증오'가 아니라 '사랑'이라고 해석하기도 합니다. 상대가 빌려주지 않는 행위에 대해 자신은 빌려주었기 때문입니다. 자세히 들여다 보면 '상대의 빌려주지 않은 행위'와 '나의 빌려주는 행위'를 비교함으로써 상대보다 자신이 우월하다는 것을 입술로 강조하는 것을 볼 수 있습니다. 이렇게 되면 상대는 그런 언행 앞에서 수치심이나 굴욕감을 가질 수 있습니다.

상대에게 수치심이나 굴욕감을 주는 행위를 하지 말아야 합니다. 우리는 흔히 상대에게 조언이나 훈계를 한다면서 어떤 행위를 지적하거나 비난하는 행위를 하곤 합니다. 더군다나 어떤 경우 여러 사람들이 보는 앞에서 한 사람을 비난하고 지적하기도 합니다. 정말로 조심해야 할 부분입니다.

이런 경우 그 사람을 '살인'하는 것이나 다름없습니다. 사람의 얼굴이 빨개지도록 만드는 행위는 피를 흘리게 하는 행위나 마찬가지입니다. 그래서 절대로 다른 사람들이 보는 앞에서 상대를 비난하거나 지적하지 말아야 하며 그런 일이 생긴다면, 그 친구를 조용히 불러 따뜻한 말로 부드럽게 말해야 합니다.

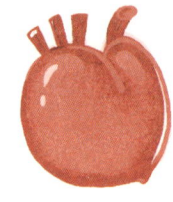  

하브루타 독서스쿨 레벨 2-3

자제력

어떤 왕이 병이 들었다. 의사는 세상에서 보기 드문 병이어서 왕의 병이 나으려면 암사자의 젖을 먹어야만 낫는다고 말했다. 그러나 어떻게 암사자의 젖을 구하느냐 하는 것이 문제였다. 그런데 어떤 영리한 신하가 사자가 있는 동굴 가까이에 가서 밖으로 나온 사자 새끼들을 한 마리씩 어미 사자에게 넣어 주었다. 열흘 쯤 지나자, 그 사람은 어미사자와 친하게 되었다. 그래서 그는 왕의 병에 쓸 사자의 젖을 조금씩이나마 짜낼 수가 있었다. 왕궁으로 돌아오는 길에, 그는 자기 몸의 각 부분이 서로 말다툼을 하고 있는 꿈을 꾸었다. 그것은 몸 안에서 어느 부분이 가장 중요한 일을 맡고 있는가에 대한 언쟁이었다. 발은 자기가 아니었더라면 사자가 있는 동굴까지 갈 수 없었을 것이라고 말했다. 눈은 자기가 아니었다면 볼 수가 없어서 그 곳까지 가지도 못했을 것이라고 주장했고, 심장은 자기가 아니었다면 감히 사자 가까이에 가지도 못했을 것이라고 말했다. 혀는 이렇게 말했다. "만약 내가 말을 할 수 없었다면 너희들은 아무런 소용도 없을 것이야" 그러자 몸 안의 각 부분들이 모두 나서며 혀를 윽박질렀다.

"뼈도 없고 아무 소용도 없는 조그만 것이 건방지게 굴지 마."

혀는 아무 말도 못했다. 그런 가운데 젖을 구한 그 사람이 궁전에 도착하자 혀는 이렇게 말했다. "누가 제일 중요한가 너희들에게 알려 주마." 그 사람이 왕 앞에 엎드려 젖을 내놓자 왕이 물었다. "이것이 무슨 젖이냐?" 그런데 그 사람이 느닷없이 대답했다. "네, 이것은 개의 젖이옵니다." 조금 전까지 혀를 윽박지르던 몸의 각 부분들은 그제야 혀의 힘이 얼마나 큰지 깨닫고, 혀에게 잘못을 빌었다. 혀는 그 말을 듣고 이렇게 말했다.

"아니요, 제가 말을 잘못했습니다. 이것은 틀림없는 암사자의 젖이옵니다."

1. 내용 · 사실 질문 예시

1) 왕은 어떤 병에 걸렸을까요?
2) 의사는 왕이 나으려면 무엇을 먹어야 한다고 했나요?
3) 영리한 신하는 사자가 있는 동굴 가까이에 가서 어떤 행동을 했나요?
4) 영리한 신하와 어미 사자는 며칠이 지나 친하게 되었나요?
5) 몸의 각 부분 중에서 말다툼을 하는 부분은 어디 부분일까요?
6) 왕궁으로 돌아오는 길에 꿈 속에서 몸의 각 부분은 무엇 때문에 말다툼을 벌이고 있었을까요?
7) 몸 안의 각 부분이 혀를 윽박지르며 무엇이라고 했을까요?
8) 왕이 "이것이 무슨 젖이냐?"고 물었을 때 혀는 느닷없이 무엇이라고 대답했나요?
9) 혀가 개의 젖이라고 말하자 조금 전까지 윽박지르던 몸의 각 부분은 무엇을 깨달았나요?
10) 몸의 각 부분이 혀에게 잘못을 빌자 그 말을 들은 혀는 왕에게 어떻게 말했을까요?

2. 심화 · 상상 질문 예시

1) 왕의 병이 나으려면 암사자의 젖을 먹어야 한다고 했을 때 왕의 심정은 어떠했을까요?
2) 암사자의 젖을 구할 때 영리한 신하는 어떤 각오로 다가갔을까요?
3) 뼈도 없고 아무 소용도 없는 조그만 것이라고 발, 눈, 심장이 말했을 때 혀의 기분은 어떠했을까요?
4) 혀가 "개의 젖이옵니다"라고 느닷없이 대답했을 때 몸의 다른 부분들은 어떤 느낌이 들었을까요?
5) 혀의 힘이 얼마나 큰지 깨닫고 인정할 때 몸 안의 각 부분들의 마음은 어떠했을까요?

3. 3단계 해석하기 예시

1) 저는 이 이야기가 자제력을 잃어서는 안 된다는 것을 말한다고 생각합니다.
제가 그렇게 생각한 이유는 몸 안의 각 부분들이 혀를 윽박지르자 혀가 자제력을 잃고 왕 앞에서 암사자의 젖을 개의 젖이라 말함으로써 위험에 빠질 뻔 했기 때문입니다.
그래서 저는 자제력을 잃게 되면 모두를 곤란한 상황에 빠뜨리게 하는 것이니 자제력을 잃어서는 안 된다고 생각하게 되었습니다.

2) 저는 이 이야기가 친구(독자)들에게 말의 중요성에 대해 이야기한다고 생각합니다.
왜냐하면, 암사자의 젖을 구해오는 대단한 일을 했음에도 불구하고 말 한마디를 잘못해서 위기에 처하게 되었고, 다시 암사자의 젖이라 말을 제대로 함으로써 말(혀)의 중요성을 일깨웠기 때문입니다.
그래서 저는 이 이야기가 말의 중요성을 말한다고 생각하게 되었습니다.

3) 저는 이 이야기가 각자 역할의 중요성에 관한 이야기라고 생각합니다.
제가 그렇게 생각한 근거는 몸의 각 부분은 각각의 역할을 가지고 있는데 각 역할의 중요성을 간과하고 혀를 무시해 혀가 왕 앞에서 개의 젖이라고 말함으로써 위험한 상황으로 치닫게 되는 부분 때문입니다
그래서 저는 각자의 역할을 존중해야 한다고 생각하게 되었습니다.

4. 교사의 쉬우르

대부분의 이야기에는 상징이 있습니다. 그 이야기를 있는 그대로 받아들이기보다 그 뒤에 숨어 있는 상징을 파악하는 것이 좋습니다. '자제력' 이야기 또한 그런 상징을 갖고 있습니다. 이 이야기를 통해서 작가는 무엇을 말하려고 했을까요? 그리고 왜 이 이야기의 제목이 '자제력'이 되었을까요?

우리는 혼자 일을 하기 보다는 사람들과 협력하며 일을 하기 마련입니다. 그런데 실패해도 문제이지만 성공해도 문제일 때가 있습니다. 서로 누가 더 큰 몫을 했는지 주장하며 기여도를 따지려고 하기 때문입니다.

이 이야기 속에서도 영리한 신하가 위험한 일을 자처하고 지혜를 발휘해서 암사자의 젖을 가까스로 구하게 되었습니다. '암사자 젖 구하기'에 성공한 것입니다. 하지만 돌아오는 길에 자신의 육체 안에서 누가 더 큰 공을 세웠는지 따지기 시작했습니다.

사실은 모든 육체의 부분이 협력해서 성공한 것이기 때문에 누가 더 큰 공을 세웠는지 다툴 필요가 없으며 서로 존중하며 공을 나누면 되었습니다. 그런데 발은 발대로 눈은 눈대로 심장은 심장대로 자신이 큰 공을 세웠다고 주장합니다. 이런 모습은 우리가 함께 일하는 사람들 사이에서도 나타납니다.

그런데 흥미로운 것은 '혀'가 다른 어떤 육체의 부분보다 무시를 당한 사실입니다. 다른 육체의 부분들은 '혀'의 중요성을 모르고 있었습니다. 왕궁에 도착해서 왕에게 보고할 때 그제서야 혀가 가장 중요하다는 사실을 알게 되었습니다.

여기서 '혀'는 왕궁에 도착할 때까지 자신의 분노와 화를 끝까지 인내하고 자제했습니다. 왕궁에 도착하기 전에 서로 다툼만 한다면 가까스로 구한 암사자의 젖을 가지고 가는데 문제가 생길 수도 있었습니다. 서로 다투며 공과를 따지기보다 자제력을 발휘하여 현명하게 일을 마무리할 수 있어야 합니다.

하브루타 독서스쿨 레벨 2-4

구멍이 난 배

1. 사람들이 배를 타고 바다를 건널 때였다.

2. 갑판 한 구석에서 어떤 사람이 바닥에 구멍을 뚫기 시작했다.

3. 그를 지켜보던 여행객이 물었다.

4. "당신 지금 뭐하는 거요?"

5. 그가 대답했다.

6. "내 자리에 구멍을 뚫는데 당신이 무슨 상관이오?"

7. 여행객이 말했다.

8. "구멍이 뚫리면 배에 탄 모든 사람들이 위험해지지 않소?"

9. 그는 아랑곳하지 않고 구멍을 뚫었다.

10. 그러자 배에 물이 들어와 모두 죽고 말았다.

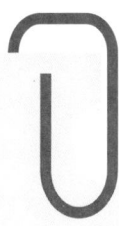

1. 내용·사실 질문 예시

1) 사람들은 무엇을 타고 바다를 건너고 있을까요?
2) 사람들은 배를 타고 어디를 건너고 있을까요?
3) 어떤 사람이 갑판 한구석에서 어떤 행동을 하기 시작했을까요?
4) 바닥에 구멍을 뚫는 사람을 누가 지켜보고 있었을까요?
5) 바닥에 구멍을 뚫는 행동을 지켜보던 여행객은 무엇이라고 물었나요?
6) 여행객은 배에 구멍이 뚫리면 배에 탄 모든 사람들이 어떻게 된다고 말했을까요?
7) 구멍을 뚫고 있는 사람은 누구의 자리라고 하면서 구멍을 뚫고 있었을까요?
8) 여행객이 "구멍이 뚫리면 배에 탄 모든 사람이 위험해지지 않소"라고 말했을 때 구멍을 뚫은 사람은 어떻게 반응했나요?
9) 구멍이 뚫린 배에 무엇이 들어왔을까요?
10) 구멍이 뚫린 배에 물이 들어와서 모두 어떻게 되었을까요?

2. 심화·상상 질문 예시

1) 어떤 사람이 갑판 한 구석을 "내 자리"라고 생각한 이유는 무엇일까요?
2) 구멍을 뚫고 있던 사람은 여행객의 이야기를 듣고도 왜 계속 구멍을 뚫었을까요?
3) 갑판 한 구석에 구멍을 뚫어 물이 들어올 때까지 다른 여행객들은 왜 그를 말리지 않았을까요?
4) 여행객은 왜 질문만 하고 적극적인 행동으로 말리지 않았을까요?
5) 물이 들어와서 죽을 때 바닥에 구멍을 뚫은 남자와 여행객은 무슨 생각이 들었을까요?

3. 3단계 해석하기 예시

1) 저는 이 이야기가 공동체에서 한 사람이 잘못된 행동을 할 때 구성원들이 함께 설득하고 연대하는 책임의식을 가져야 한다고 말하는 것으로 생각해요.
 제가 그렇게 생각하는 이유는 어떤 사람이 배 바닥에 구멍을 뚫었지만 한 여행객만이 그를 설득하려고 한 부분 때문입니다. 결국 그 사람의 행동을 막지 못하여 배에 물이 들어와 모두 죽었기 때문입니다.
 그래서 저는 공동체에서 한 개인의 잘못된 행동을 보았을 때는 모두가 적극적으로 설득하고 연대하는 책임의식을 가져야 한다고 생각하게 되었습니다.

2) 저는 이 이야기가 공동체에서 자신만을 생각하고 행동했을 때 얼마나 무서운 결과를 가져오는지에 관해 말한다고 생각합니다.
 제가 그렇게 생각한 이유는 어떤 사람이 "내 자리에 구멍을 뚫는데 당신이 무슨 상관이오"라고 하며 구멍을 계속 뚫어서 배에 탄 모든 사람이 죽고 말았다는 내용 때문입니다.
 그래서 저는 공동체에서 자신만을 생각하고 행동하면 다른 사람들은 물론이고 결국 자기 자신에게도 무서운 결과를 가져온다고 생각하게 되었습니다.

3) 저는 이 이야기가 내 것이라고 생각하는 것들이 사실은 한 사람의 소유라 할 수 없는 것임을 깨닫게 해준다고 생각합니다.
 제가 그렇게 생각한 근거는 내 자리에 구멍을 뚫는데 무슨 상관이냐며 계속 뚫은 부분 때문입니다. 구멍을 뚫은 사람은 함께 타고 가는 배를 자신의 소유로 인식해서 그 행동을 계속한 것으로 보입니다.
 그래서 저는 내 것이라고 생각하는 것들이 사실은 한 사람만의 소유일 수 없다고 생각하게 되었습니다.

4. 교사의 쉬우르

이 이야기는 공동체의 구성원들이 어떻게 살아야 할지를 알려주는 이야기입니다. 한 개인이 공동체에 큰 위험을 초래할 수도 있다는 것을 알아야 합니다. 또한 한 개인이 큰 위험을 초래하지 않도록 다른 이들도 공동체를 함께 지켜야 할 책임이 있습니다.

이 이야기는 사람들이 함께 한 배를 타고 여행하는 것으로부터 시작합니다. 흔히 우리의 인생을 여행에 비유합니다. '배'는 함께 인생 여행을 하는 공동체를 뜻합니다. 사람들마다 각자의 자리와 역할이 있게 마련입니다.

물론 그 공동체에서 '자유와 평등'을 누리고 사는 것은 당연한 일입니다. 하지만 한 개인의 자유가 타인이나 공동체 전체에 피해를 준다면 어떻게 해야 할까요? 그런 자유를 두고 '방종'이라고 합니다. 우리가 스스로 공동체에 대한 책임감을 가지고 타인을 배려하며 누리는 자유를 일컬어 '자율'이라고 합니다. 자신의 행위가 공동체에 어떤 영향을 미치게 될지 늘 자신을 되돌아보아야 합니다.

마찬가지로 이런 상황을 지켜보고 있는 타인들에게도 문제가 있습니다. 한 공동체가 잘 유지되기 위해서는 다양한 규칙과 법이 필요합니다. 배에 구멍이 나서 배가 가라앉을 동안 공동체 전체는 무엇을 했을까요? 이런 일이 일어나지 않도록 하는 방법은 무엇일까요? 공동체가 무너지지 않도록 모두가 노력해야 합니다.

이 이야기에서는 구멍을 뚫는 사람에게 좀 더 적극적인 대책을 취하지 않고 단지, '무엇을 하는지'와 '위험해질 것'이라는 말만 할 뿐 더 이상의 대응이 없었습니다. 공동체를 구성하는 모든 이들이 곳곳에 어떤 위험이 있는지 돌아보아야 합니다. 이런 일이 일어나지 않도록 미연에 방지하고 문제가 발생했을 때 규칙과 법 제도를 만들어 공동체가 잘 유지되도록 해야 합니다.

하브루타 독서스쿨 레벨 3-1

절망하지 않은 이유

랍비 아키바가 여행을 하고 있었다. 그는 작은 등을 하나 가지고 있었으며, 개와 나귀가 그의 길동무가 되었다.

날이 저물어 어둠이 깔리자, 아키바는 헛간 한 채를 얻어 그 곳에서 잠을 자기로 했다. 그러나 아직 잠을 자기에는 이른 시간이었다.

그는 등불을 켜놓고 책을 읽기 시작했는데 바람이 불어 등불이 꺼졌다. 그래서 그는 하는 수 없이 잠을 청했다.

그가 잠을 자는 동안 여우가 와서 개를 물어 가 버렸고, 사자가 와서 그의 나귀마저 죽여 버렸다.

아침이 되자 그는 하는 수 없이 등 하나만 가지고 혼자 길을 떠났다. 근처 마을에 도착했을 때 그 마을에는 사람이라고는 그림자도 찾아볼 수 없었다.

그는 전날 밤 강도들이 이 마을에 들이닥쳐 집을 파괴하고 마을 사람들을 몰살시켰다는 것을 알게 되었다.

만일 등불이 바람에 꺼지지 않았다면 그는 강도들에게 들켰을 것이다. 만일 개가 살아 있었다면 개가 짖어대어 강도들이 몰려왔을 것이고 나귀도 역시 살아 있었다면 소란을 피웠을 것이다. 결국 그는 그가 가지고 있던 모든 것을 잃어버린 덕분에 살아남을 수 있었다.

1. 내용·사실 질문 예시

1) 랍비 아키바가 여행할 때 무엇을 하나 가지고 있었을까요?
2) 랍비 아키바는 어떤 동물을 여행 길동무로 삼았을까요?
3) 날이 저물자 랍비 아키바는 어디에서 잠을 자기로 했을까요?
4) 랍비 아키바가 등불을 켜 놓고 책을 읽기 시작했다가 하는 수 없이 잠을 청할 수밖에 없었던 이유는 무엇일까요?
5) 랍비 아키바가 잠자는 동안 누가 개를 물어갔나요?
6) 랍비 아키바가 잠자는 동안 누가 나귀를 죽였나요?
7) 랍비 아키바가 도착한 근처 마을에는 전날 밤 어떤 일이 일어났었나요?
8) 만일 바람에 등불이 꺼지지 않았다면 그는 어떻게 되었을까요?
9) 만일 개가 살아있었다면 개가 짖어대어 누가 몰려 왔을까요?
10) 랍비 아키바는 결국 무엇 덕분에 살아남을 수 있게 되었나요?

2. 심화·상상 질문 예시

1) 랍비 아키바가 개와 나귀를 길동무로 삼은 이유는 무엇 때문이었을까요?
2) 랍비 아키바는 헛간 불이 꺼졌을 때 왜 다시 켜지 않았을까요?
3) 개가 물려가고 나귀마저 죽은 것을 알았을 때 랍비 아키바는 어떤 심정이었을까요?
4) 랍비 아키바는 마을 사람들이 강도에게 몰살당한 것을 보고 어떤 생각이 들었을까요?
5) 랍비 아키바가 모든 것을 잃었기 때문에 살아남을 수 있었다는 것을 알았을 때의 심정이 어떠했을까요?

3. 3단계 해석하기 예시

 1) 저는 이 이야기가 친구(독자)들에게 소유보다 존재에 의미를 두라고 말하는 것 같습니다.
 그 근거는 이 이야기의 마지막 부분입니다. 만일 개와 나귀가 살아있었다면 짖어대고 소란을 피워서 강도들이 몰려왔을 것입니다. 결국 모든 것을 잃어버린 덕분에 살아남을 수 있었기 때문입니다. 살아있음은 이 모든 소유보다 귀중합니다.
 그래서 저는 이 이야기가 소유보다 살아있음, 즉 존재에 의미를 두라고 말하는 것 같다고 생각하게 되었습니다.

 2) 저는 이 이야기가 삶에서 일어나는 사건에 대한 해석의 중요함을 말한다고 생각해요.
 그 이유는 이 이야기의 마지막 문장 '모든 것을 잃어버린 덕분에 살아남을 수 있었다'는 부분 때문입니다. 랍비 아키바는 모든 것을 잃어버린 것에 대해 아쉬워하기보다 그 덕분에 살아남을 수 있었다고 해석했습니다.
 그래서 저는 삶에 일어나는 사건을 다 피할 수는 없지만, 그것을 어떻게 해석하고 그 속에서 어떤 의미를 찾느냐 하는 것이 중요하다고 생각하게 되었습니다.

 3) 저는 이 이야기가 생각대로 되지 않았다고 해서 너무 절망하거나 낙심하지 말아야 함을 알려주는 것이라 생각해요.
 그 이유는 가지고 있는 것을 모두 잃은 덕분에 살아남을 수 있었다는 부분 때문입니다.
 그래서 저는 생각대로 되지 않는다 하여 너무 절망하거나 낙심하지 말고 더 좋은 것으로 채워질 것을 기대하는 자세가 필요하다고 생각하게 되었습니다.

4. 교사의 쉬우르

 인간은 인생을 살면서 무수히 많은 일을 겪습니다. 어떤 경우 우리에게 닥치는 일이 왜 일어나는지 모르며 살 때도 있습니다. 랍비 아키바의 여행도 결코 쉽지 않은 여행이었습니다.

 모든 것을 갖추었다고 마냥 행복해 할 수 없으며 모든 것을 잃었다고 해서 마냥 불행해 할 필요는 없습니다. 이 이야기에서 랍비 아키바는 작은 등과 개와 나귀를 갖고 있었습니다. 여행에서 등과 개와 나귀가 있다는 것은 남부럽지 않은 것을 갖추었다는 것을 뜻합니다.

 어두운 밤에 등불이 없다면 길을 찾을 수도 없으며 책을 볼 수도 없습니다. 개는 위험을 쉽게 알아차릴 수 있으며 자신을 보호해 줄 수도 있습니다. 나귀는 고단한 길을 갈 때 자신을 태우고 갈 수 있기 때문에 더없이 좋은 여행 조건을 갖춘 것입니다.

 하지만 바람에 등불이 꺼지고 여우가 와서 개를 물어가고 사자가 와서 나귀를 죽였을 때, 랍비 아키바의 심정은 어떠했을까요? 유명한 랍비 중의 하나인 아키바에게 책을 읽지 못하는 상황은 절망적일 수밖에 없었을 것입니다. 더군다나 자신을 지키는 개와 태워줄 수 있는 나귀를 잃는다는 것은 여행에서 상상할 수도 없었습니다. 하지만 결과적으로 이 모든 것을 잃었기 때문에 랍비 아키바는 강도에게 살해되는 것을 피할 수 있었습니다. 오히려 부족하고 결핍된 여행이 랍비 아키바에게는 행운을 가져다 준 것이 되었습니다.

 인간에게 좋은 일과 나쁜 일은 동전의 양면과도 같습니다. 좋은 일에는 나쁜 일이 따르기 마련이고 나쁜 일이 있은 후에는 좋은 일이 오기도 합니다. 그래서 우리에게 닥친 일이 아무리 어렵더라도 희망을 잃지 말아야 하며 좋은 일이 많이 생기더라도 결코 자만하지 말아야 합니다.

하브루타 독서스쿨 레벨 3-2

품삯이 다른 이유

어떤 왕이 가지고 있는 포도밭에서 많은 일꾼들이 일하고 있었다. 그 중 한 일꾼은 비상한 능력을 가지고 있어 다른 일꾼들보다 유난히 일을 잘했다.

어느 날 왕이 포도밭을 찾아와 뛰어난 능력을 가진 일꾼과 함께 포도밭을 산책했다.

포도밭 일의 대가는 매일 동전으로 지불되었다. 그날도 하루의 일이 끝나자, 일꾼들은 돈을 받아 가려고 차례로 줄을 섰다.

일꾼들은 모두 같은 품삯을 받고 있었는데, 능력이 뛰어난 일꾼도 그들과 같은 품삯을 받자 그들은 왕에게 항의하기 시작했다.

"이 사람은 두 시간밖에 일하지 않았고, 나머지 시간은 임금님과 함께 산책했습니다. 그런데도 우리와 똑같은 품삯을 받는다는 것은 불공평합니다."

그러자 왕은 이렇게 대답했다.

"이 사람은 두 시간 동안 너희들이 하루 종일 걸려서 일한 것보다 더 많은 일을 했도다."

1. 내용·사실 질문 예시

1) 많은 일꾼이 일하는 포도밭은 누구의 것일까요?
2) 어느 날 포도밭을 찾은 왕은 누구와 산책을 했을까요?
3) 다른 일꾼들보다 유난히 일을 잘하는 일꾼은 어떤 능력을 갖추고 있었나요?
4) 포도밭의 대가는 매일 무엇으로 지불되었을까요?
5) 일꾼들은 일의 대가로 돈을 받았는데 하루 중 언제 받았나요?
6) 일꾼들은 무엇 때문에 차례로 줄을 섰을까요?
7) 일꾼들이 왕에게 항의한 이유는 무엇이었나요?
8) 능력이 뛰어난 일꾼은 몇 시간 일했나요?
9) 일꾼들이 왕에게 항의하자 왕은 무엇이라 대답했나요?
10) 왕은 비상한 능력을 가진 일꾼이 두 시간 동안 일한 것은 다른 일꾼이 얼마나 일한 것보다 더 많은 일을 했다고 했을까요?

2. 심화·상상 질문 예시

1) 왕이 비상한 능력을 지닌 일꾼과 산책을 한 의도는 무엇일까요?
2) 왕과 비상한 능력을 지닌 일꾼이 산책을 하는 것을 보는 다른 일꾼들의 심정은 어떠했을까요?
3) 비상한 능력을 갖춘 일꾼은 왕과 산책 후 똑같은 품삯을 준다고 항의하는 일꾼들을 보며 어떤 기분이 들었을까요?
4) 왕이 자신을 인정해 주었을 때 비상한 능력을 지닌 일꾼의 마음은 어떠했을까요?
5) 일꾼들이 모두 같은 품삯을 받자 왕에게 항의했는데 어떤 의도로 항의했을까요?

3. 3단계 해석하기 예시

1) 저는 이 이야기가 일에 있어서 효율이 중요하다는 것을 말한다고 생각합니다.
 제가 그렇게 생각한 이유는 왕과 산책한 일꾼을 표현하는 부분과 이 일꾼이 일한 것이 다른 일꾼들이 일한 것보다 많다고 왕이 말한 부분 때문입니다.
 그래서 저는 이 이야기를 통해 일을 함에 있어서 효율이 중요하다고 생각하게 되었습니다.

2) 저는 이 이야기가 친구(독자)들에게 화합의 중요성에 대해 말한다고 생각합니다.
 제가 그렇게 생각한 이유는 다른 일꾼들이 뛰어난 일꾼도 같은 품삯을 받자 항의했기 때문입니다. 현명한 왕이라면 어떻게 해서든 다른 일꾼과 함께 화합과 협력의 분위기를 조성해야 했습니다.
 그래서 저는 이 이야기가 일을 함에 있어 화합의 중요성에 대해 말한다고 생각했습니다.

3) 저는 이 이야기가 일을 시작하기 전에 '성과의 기준'을 명확히 해야 한다는 것을 말한다고 생각합니다.
 제가 그렇게 생각한 이유는 다음과 같습니다. 성과의 기준이 명확하지 않아 종일 일한 일꾼들은 같은 품삯을 받는 것에 화가 났고, 뛰어난 일꾼 또한 더 많은 일을 하고도 같은 품삯을 받는 것에 서운할 수도 있기 때문입니다.
 그래서 저는 일을 시작하기 전에 명확한 '성과의 기준'을 세워야 한다고 생각하게 되었습니다.

4. 교사의 쉬우르

 이 이야기는 '평등'과 '공평'에 대한 뜻을 이해하는 이야기입니다. 이 이야기는 비상한 능력의 일꾼이 짧은 시간을 일하고 오랜 시간 일한 일꾼들과 같은 품삯을 받으면서 상대적으로 다른 품삯을 받게 되어 일어난 일입니다. 다른 일꾼들은 왜 짧은 시간 일한 사람이 자신들과 같은 품삯을 받느냐고 왕에게 불공평하다며 따져 묻습니다. 하지만 이것은 일꾼들이 '평등'과 '공평'에 대해 이해하지 못한 까닭입니다.

 모든 사람을 똑같이 대하는 것이 '평등'이라면 차이를 두는 것을 오히려 '공평'이라고 볼 수 있습니다. 예컨대 음식을 아이와 어른에게 똑같은 양을 나누어 주면 평등한 것이라고 할 수 있지만 배고픔을 해결하는 양이 다르기 때문에게 어른에게 불공평할 수 있습니다. 또한 키가 작은 사람과 키가 큰 사람에게 같은 사다리를 주면 평등이라고 할 수 있지만 공평하지 못한 경우가 있습니다. 이런 경우 키가 작은 사람에게는 그에 걸맞는 사다리를 주고, 키가 큰 사람에게는 또 그에 걸맞는 사다리를 주어야 공평하다고 볼 수 있습니다.

 이 이야기에서도 마찬가지로 비상한 능력을 가진 사람은 왕과 함께 산책하며 나라의 일을 논할 수 있었지만 다른 일꾼들은 그런 일을 할 수 없었습니다. 그렇다면 분명히 품삯은 달라져야 합니다. 공평이란 모든 것을 똑같게 하는 것이 아니랍니다.

 물론 이 이야기가 정신노동에 비해 육체노동의 가치가 떨어진다는 편견을 가져올 수 있습니다. 머리를 쓰는 일도 중요하지만 땀 흘려 일하는 것도 충분히 존중받아야 합니다. 하지만 그렇다고 해서 정신노동의 결과로 나오는 지혜를 간과해서도 안 됩니다. 우리가 삶에서 지혜를 발휘해야 하는 이유라고 볼 수 있습니다.

하브루타 독서스쿨 레벨 3-3

세 친구

옛날 어느 나라에 한 청년이 살고 있었다. 그에게는 세 친구가 있었다. 첫 번째 친구는 가장 친하다고 생각하는 친구였고, 두 번째 친구는 그렇게 친하지는 않지만 좋아하는 친구였고, 세 번째 친구는 이름만 아는 친구였다.

어느 날 왕으로부터 한 통의 편지가 도착했다. 왕궁으로 출두하라는 명령이었다. 그는 자신이 뭔가 잘못을 했기 때문에 왕에게 불려가는 것이라고 생각하고 겁이 났다. 그래서 세 친구들 중 한 명을 데리고 가기로 했다.

먼저 가장 신뢰하는 첫 번째 친구에게 사정을 말하고 함께 가 달라고 부탁했다. 그러자 첫 번째 친구는 쌀쌀맞게 거절했다. 하는 수 없이 두 번째 친구에게 부탁했더니 왕궁 입구까지만 같이 가 주겠다는 조건을 달았다.

믿었던 두 친구에게 배신감을 느낀 청년은 마지막으로 세 번째 친구에게 부탁해 보았다. 그러자 평소 친분이 깊지 않았음에도 세 번째 친구는 "당연히 함께 가야지. 자네에게 무슨 죄가 있겠나. 가서 왕을 만나 보세." 라고 그를 위로하며 동행해 주었다.

1. 내용·사실 질문 예시

1) 옛날 어느 나라에 살고 있었던 한 청년에게 몇 명의 친구가 있었을까요?
2) 청년에게 세 친구는 어떤 친구들인가요?
3) 어느 날 누구로부터 한 통의 편지가 도착했을까요?
4) 왕이 보낸 그 편지의 내용은 무엇인가요?
5) 청년은 왕궁으로 출두하라는 명령의 편지를 받았을 때 어떤 생각이 들어서 겁이 났나요?
6) 청년이 가장 신뢰하는 첫 번째 친구에게 함께 가 달라고 부탁했을 때 그 첫 번째 친구는 어떤 반응을 보였을까요?
7) 청년이 두 번째 친구에게 왕궁에 함께 가 달라고 부탁했을 때 그 친구는 어떤 조건을 달았나요?
8) 청년은 믿었던 두 친구에게 어떤 감정을 느꼈을까요?
9) 청년이 세 번째 친구에게 왕궁에 함께 가 달라고 부탁했을 때 그 친구는 어떻게 했을까요?
10) 세 번째 친구는 이 청년에게 뭐라고 말하며 위로하고 동행해 주었나요?

2. 심화·상상 질문 예시

1) 청년은 자신이 뭔가 잘못했기 때문에 왕에게 불려가는 것으로 생각하게 된 이유는 무엇일까요?
2) 친하다고 생각한 첫 번째 친구에게 거절당했을 때 청년의 마음은 어떠했을까요?
3) 갑자기 왕궁으로 출두하라고 명령한 왕의 의도는 무엇일까요?
4) 두 친구에게 배신감을 느낀 청년이 이름만 알고 친분이 없는 친구를 찾아간 심정은 어떠했을까요?
5) 이름만 아는 친구인 세 번째 친구가 자신의 부탁을 기꺼이 들어주며 위로하고 동행해 주었을 때 이 청년의 마음은 어떠했을까요?

3. 3단계 해석하기 예시

1) 저는 이 이야기가 진정한 친구는 상대방의 필요를 채워주는 것이라 말한다고 생각해요.
 그 이유는 이름만 아는 친구가 겁에 질려 있고 배신감을 느낀 청년을 위로하고 동행해 준 것 때문입니다. 그는 이름만 아는 친구였지만 상대방의 필요를 알고 함께 동행해 주는 진정한 친구가 되어주었기 때문입니다.
 그래서 저는 진정한 친구는 상대방의 필요를 채워주는 것이라고 생각하게 되었습니다.

2) 저는 이 이야기가 친하지 않은 누군가가 당신에게 도움을 청한다면, 당신은 아마 그에게 도움을 줄 수 있는 유일한 사람일 수 있다는 것을 말한다고 생각합니다.
 제가 그렇게 생각한 이유는 믿었던 두 친구로부터 배신감을 느낀 청년에게 세 번째 친구가 위로하며 동행해 준 부분 때문입니다. 세 번째 친구는 비록 이름만 알고 평소 친분이 깊지 않았음에도 친구의 절박함을 공감하고, 도움을 주었기 때문입니다.
 그래서 저는 이 이야기가 친하지 않은 누군가가 당신에게 도움을 청한다면 어쩌면 당신은 그에게 도움을 줄 수 있는 유일한 사람일 수 있다는 것을 말한다고 생각하게 되었습니다.

3) 저는 이 이야기가 사람의 판단이 얼마나 주관적인지에 관해 이야기한다고 생각합니다.
 제가 그렇게 생각한 이유는 한 청년이 친구와 자신의 관계(가장 친하다, 좋아한다, 이름만 안다)에 대해 설정한 부분과 왕의 편지를 해석(뭔가 잘못을 했기 때문에 불려가는 것)하는 부분 때문입니다. 이 청년은 상대방의 생각과 상관없이 자신의 입장에서만 판단하고 해석하고 있기 때문입니다.
 그래서 저는 이 이야기가 개인의 판단이 얼마나 주관적인 것인지에 대해 말한다고 생각하게 되었습니다.

4. 교사의 쉬우르

'세 친구' 이야기를 읽어보면 우리가 생각하는 친구의 기준이 다르다는 것을 느낄 수 있습니다. 가장 친하다고 생각하는 친구, 친하지는 않지만 좋아하는 친구, 이름만 아는 친구 중 여러분에게는 어떤 친구가 가장 많은가요?

'가장 친하다고 생각하는 친구'는 자신의 기준으로 친하다고 생각하는 친구일 것입니다. 그러나 그 친구도 나를 가장 친하게 생각하고 있을까요? 만약 내 생각과 같지 않고 겉과 속이 다르다면 어려운 상황이 생겼을 때 쉽게 외면할 수 있을 것입니다. '친하지는 않지만 좋아하는 친구'는 어중간한 표현처럼 적당한 거리를 두고 함께하는 친구입니다. 그래서 어려운 일을 겪을 때도 어느 정도까지는 돕지만 그 이상의 도움을 주지 않지요. '이름만 아는 친구'는 내 기준에서 이름만 아는 친구이지만 상대의 입장에서는 나를 친하게 생각하는 친구일 수 있습니다. 그래서 어려운 일을 겪을 때 기대와 달리 적극적으로 돕고 끝까지 함께하는 친구입니다.

전통적으로 이 이야기 속의 친구들이 상징하는 것은 다음과 같습니다.
첫째, '가장 친하다고 생각하는 친구'는 '돈'을 상징합니다. 이 세상과 이별하고 다음 세상으로 갈 때 가장 친하게 여겼던 돈은 함께 가는 것을 쌀쌀맞게 거절합니다. 돈을 짊어지고 갈 수 없는 노릇입니다.

둘째, '친하지는 않지만 좋아하는 친구'는 가족이나 일가친척을 상징합니다. 세상에 살면서 함께 부대끼며 살기 때문에 좋아하는 친구라고 볼 수 있지만 이 세상을 떠날 때는 장례식장까지만 올 수 밖에 없습니다.

셋째, '이름만 아는 친구'는 '자선'을 상징합니다. 우리는 '자선'이란 낱말을 알고 있지만 그렇게 친하게 지내지 않습니다. 어느 때인가 나도 모르게 행했던 자선이 이 세상을 떠날 때 함께 가자고 합니다. 사람이 인생을 떠날 때 그 사람이 베풀고 나눈 것만 기억됩니다. 이 이야기는 바로 자선의 중요성을 이야기하고 있습니다.

육체와 영혼

옛날에 아름다운 과수원을 가진 왕이 살았습니다. 과수원 나무에 무화과가 많이 열리자 왕은 절름발이와 장님을 보내 지키도록 했습니다.

하루는 절름발이가 장님에게 말했습니다.

"나무에 무화과가 많이 열렸어. 내가 너의 어깨를 밟고 올라가면 맛있는 무화과를 배불리 먹을 수 있을 거야."

그렇게 절름발이는 장님의 어깨를 밟고 올라가 무화과를 따서 둘이 맛있게 먹었습니다. 어느 날 왕이 없어진 열매에 대해서 두 사람을 불러 추궁했습니다.

그러자 절름발이가 "제가 절름발이인데 어떻게 나무를 오를 수 있단 말입니까? 저는 범인이 아닙니다." 라고 주장했습니다.

그러자 장님도 "저는 앞을 볼 수 없는 장님인데 어떻게 과일을 딸 수 있단 말입니까? 저도 범인이 아닙니다."

라고 항변했습니다. 왕은 이 일을 어떻게 해결했을까요?

왕은 절름발이를 맹인의 어깨에 올라서게 한 뒤

두 사람 모두에게 심판을 내렸습니다.

1. 내용·사실 질문 예시

1) 왕은 아름다운 과수원에 누구를 보내 지키도록 했을까요?
2) 왕의 아름다운 과수원 나무에는 무엇이 열렸을까요?
3) 절름발이는 많이 열린 무화과를 보며 장님에게 무엇을 제안했을까요?
4) 절름발이는 장님의 어디를 밟고 올라가 무화과를 땄을까요?
5) 절름발이와 장님은 무화과를 따서 어떻게 했을까요?
6) 왕은 두 사람을 불러 무엇에 대해 추궁했을까요?
7) 절름발이는 자신이 범인이 아니라며 어떻게 주장했을까요?
8) 장님은 자신이 범인이 아니라며 어떻게 항변을 했나요?
9) 왕은 누구에게 심판을 내렸나요?
10) 왕은 이 일을 어떻게 해결했을까요?

2. 심화·상상 질문 예시

1) 왕이 절름발이와 장님을 보내 과수원을 지키라고 한 의도는 무엇일까요?
2) 절름발이와 장님이 서로의 신체적 장애를 극복하여 무화과를 따먹은 후, 그들에게는 어떤 생각의 변화가 있었을까요?
3) 절름발이와 장님은 왕에게 추궁당했을 때 왜 솔직히 말하지 않았을까요?
4) 자신의 아름다운 과수원을 맡겼던 두 사람이 열매를 따먹었을 때 왕은 어떤 심정이었을까요?
5) 왕이 절름발이를 장님의 어깨에 올라서게 한 뒤 두 사람 모두에게 심판을 내린 이유는 무엇일까요?

3. 3단계 해석하기 예시

1) 저는 이 이야기가 육체와 영혼이 함께하여 힘을 발휘할 때는 방향성이 중요하다고 말하는 것 같습니다.
그 근거는 절름발이는 장님의 어깨를 밟고 올라가 무화과를 따서 둘이 맛있게 먹은 부분입니다. 육체(절름발이)와 영혼(장님)이 함께하여 과수원 무화과를 지키는 것에 힘을 발휘하지 않고 오히려 협력해서 무화과를 따먹음으로써 왕의 명령과는 다른 방향으로 움직였기 때문입니다.
그래서 저는 이 이야기가 육체와 영혼이 함께할 때는 방향성이 중요하다는 것을 말한다고 생각합니다.

2) 저는 이 이야기가 바른 마음의 중요성을 말해준다고 생각합니다.
제가 그렇게 생각한 이유는 절름발이가 장님의 어깨를 밟고 올라감으로 인해 각자의 육체적 장애는 극복하였으나 무화과를 지키는 일이 아닌 배불리 따먹는 그릇된 일을 하여 심판을 받는 부분 때문입니다. 육체의 장애를 극복한다 해도 결국 바른 마음으로 서지 못하면 잘못을 저지를 수도 있다고 생각합니다.
그래서 저는 이 이야기를 통해 바른 마음의 중요성을 되새겨 보게 되었습니다.

3) 저는 이 이야기가 자신이 원하는 것을 솔직하게 표현해야 함을 말한다고 생각합니다.
제가 그렇게 생각한 이유는 무화과를 먹고 싶었지만, 절름발이는 왕에게 그런 마음을 말하지 않고 허락 없이 장님과 함께 따먹은 부분 때문입니다. 무화과를 먹고 싶은 마음을 왕에게 솔직하게 표현하고 허락 하에 따먹었으면 어땠을까요. 그랬다면 왕에게 추궁받을 일도 심판받을 일도 없었을 것이기 때문입니다.
그래서 저는 자신이 원하는 것을 솔직하게 표현해야 한다고 생각하게 되었습니다.

4. 교사의 쉬우르

이 이야기는 무화과나무를 지키는 절름발이와 장님을 통해 마치 어떤 일을 할 때 협력의 미덕을 강조하고 있는 것처럼 보입니다. 또한 죄를 따져 물을 때 서로 남의 탓을 하는 인간의 본성을 말하는 것처럼 보이기도 합니다. 하지만 이 이야기는 특정한 질문에 대한 해답을 제시하는 내용입니다.

어느 날 영혼에 대해 의심을 품은 사람이 랍비에게 질문합니다. 만일 육체에서 영혼이 분리되어 하늘나라에 가면 이 세상에서 지은 죄악에 대해 서로의 탓으로 돌리지 않겠냐는 질문이었습니다. 예컨대 육체는 영혼이 자신에게 지시한 대로 했기 때문에 죄에 대해 책임이 없다고 할 것이며 영혼은 육체와 별개이기 때문에 육체가 지은 죄에 대해 책임이 없다고 할 것입니다. 그렇다면 육체는 영혼과 별개로 자유롭게 죄를 지을 수 있을 것입니다. 랍비의 현명한 대답은 무엇이었을까요?

랍비는 무화과나무를 지키도록 왕에게 지시를 받은 두 사람, 즉 절름발이와 장님을 비유로 들어 대답합니다. 육체와 영혼은 서로 떨어질 수 없는 관계로 이 세상에서 신의 명대로 파수꾼의 역할을 하도록 보내졌습니다. 절름발이와 장님도 마찬가지로 혼자서는 무화과를 먹을 수 없습니다. 절름발이는 장님의 도움을 받아야 하고 장님은 절름발이의 도움을 받아야 합니다.

이 세상에서의 삶에 대해 육체와 영혼은 서로에게 책임을 갖습니다. 죄악을 짓는다고 한다면 서로 공모한 것이 될 것이며 선행을 실천한다면 서로 협력해서 한 것입니다. 이와 같이 세상에서 행한 선악에 대해 육체와 영혼은 서로 책임을 전가하거나 보상을 자기의 공로라 말할 수 없습니다.

랍비는 이 사람의 질문을 상징적인 이야기를 통해 대답해 주었습니다. 따라서 모든 인간은 이 세상에 살면서 육체와 영혼이 공동의 책임을 지고 살고 있다고 볼 수 있습니다. 인간은 육체뿐만 아니라 영혼의 건강을 위해서도 많은 노력을 기울여야 합니다.

그릇 안에 담긴 술

현명하고 지혜로운 랍비가 있었다. 그러나 얼굴은 매우 못생긴 편이었다. 랍비는 어느 날 이웃 나라의 공주를 만났다. 공주가 그를 보자 말했다.

"현명한 지혜가 못생긴 그릇에 담겨 있군요."

그러자 랍비가 말했다. "공주님, 이 궁궐에 좋은 술이 있나요?"

공주가 대답했다. "네. 얼마든지 있습니다."

랍비가 물었다. "그 술들은 어떤 그릇에 들어 있지요?"

공주가 대답했다. "그냥 보통 항아리나 주병에 담겨 있죠."

랍비가 말했다. "아름다운 공주님께서 금그릇이나 은그릇이 많을 텐데 어째서 술을 보잘것없는 항아리에 담아 두시나요?"

공주는 랍비의 말이 일리가 있다고 생각하여 궁궐의 술을 전부 금그릇과 은그릇에 옮겨 놓았다. 그러자 술맛이 금방 변해 버렸고 술을 마실 수가 없게 되었다. 이 소식을 들은 왕이 화를 내며 소리쳤다.

"누가 이런 그릇에 술을 담았느냐?"

공주가 대답했다. "그렇게 하는 편이 나을 것 같아서 제가 옮겨 담았습니다. 용서하소서."

공주는 왕에게 사과한 뒤 랍비에게 돌아와 따져 물었다.

"당신은 어째서 내게 그런 일을 하라고 시키신 거지요?"

랍비가 대답했다.

"저는 단지 공주님에게 매우 귀중한 것이라도 때로는 보잘것없는 그릇에 넣어 두는 편이 나을 때가 있다는 사실을 알려 드리고 싶었을 뿐입니다."

1. 내용·사실 질문 예시

1) 현명하고 지혜로운 랍비의 얼굴은 어떻게 생겼을까요?
2) 랍비는 이웃 나라의 누구를 만났나요?
3) 랍비를 보자 공주는 무슨 말을 했나요?
4) 랍비는 공주에게 몇 가지 질문을 했나요?
5) 랍비가 공주에게 술들은 어떤 그릇에 담겨 있냐고 물었을 때 공주는 어디에 담겨 있다고 말했나요?
6) 어째서 술을 보잘것없는 항아리에 담았냐고 랍비가 묻자 공주가 한 행동은 무엇일까요?
7) 술을 금그릇과 은그릇에 옮겨 놓자 술맛은 어떻게 변해 버렸나요?
8) 술이 변했다는 소식을 듣고 임금은 어떤 반응을 했나요?
9) 공주는 랍비에게 돌아와서 무엇이라고 따져 물었나요?
10) 따져 묻는 공주에게 랍비는 어떻게 대답했나요?

2. 심화·상상 질문 예시

1) 공주가 랍비의 얼굴을 못생긴 그릇에 비유했을 때 랍비의 기분은 어떠했을까요?
2) 랍비가 공주에게 술을 어째서 보잘것없는 항아리에 담느냐고 물은 의도는 무엇일까요?
3) 왕이 "누가 이런 그릇에 술을 담았느냐?"라고 화를 내며 소리쳤을 때 공주의 심정은 어떠했을까요?
4) 공주는 궁궐의 술을 전부 금그릇과 은그릇에 옮겨 술이 변해 마실 수 없게 된 경험을 통해 어떤 깨달음을 얻었을까요?
5) 공주가 술을 금그릇과 은그릇에 옮겨 술이 변하는 상황을 통해 랍비는 무엇을 말하고 싶었을까요?

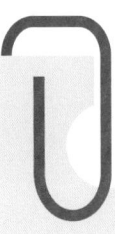

3. 3단계 해석하기 예시

1) 저는 이 이야기가 쓰임에 맞는 그릇이 있듯이 사람도 각자에게 맞는 역할과 위치가 있다는 것을 말한다고 생각합니다.

제가 그렇게 생각한 이유는 좋은 술을 금그릇과 은그릇에 담아서 술의 맛이 변했다는 부분 때문입니다. 아무리 좋은 그릇이라도 쓰임에 맞지 않으면 목적에 적합한 기능을 못하듯 사람들은 모두 각자에게 맞는 역할을 찾는 것이 중요합니다.

그래서 저는 이 이야기가 쓰임에 맞는 그릇이 있듯이 사람도 각자에게 맞는 역할과 위치가 있다는 것을 말한다고 생각합니다.

2) 저는 이 이야기가 독자들에게 실수를 통해서 깨달음을 얻을 수 있다는 것을 말한다고 생각합니다.

제가 이렇게 생각하게 된 것은 공주가 궁궐의 술들을 금그릇과 은그릇에 모두 옮겨 담는 실수를 하면서 랍비로부터 깨달음을 얻는 장면 때문입니다.

그래서 저는 사람은 실수를 통해서 깨달음을 얻어 성장한다고 생각하게 되었습니다.

3) 저는 이 이야기가 남이 자신에게 마음 상하는 말을 할 때 감정을 드러내기 보다는 지혜롭게 처신해야 함을 말한다고 생각해요.

제가 그렇게 생각한 근거로 첫째, 공주는 "현명한 지혜가 못생긴 그릇에 담겨 있군요"라고 마음 상하는 말을 했지만 랍비는 감정을 드러내지 않은 부분 때문입니다. 둘째, 랍비가 공주에게 "아름다운 공주님께서 금그릇이나 은그릇이 많을 텐데 어째서 술을 보잘것없는 항아리에 두시나요?"라고 질문한 부분입니다. 셋째, 술을 금그릇과 은그릇에 옮겨 담아 결국 술을 마실 수 없게 만든 공주가 곤경에 빠지자 랍비는 그때 그렇게 한 의도에 대해 알려준 부분 때문입니다.

그래서 저는 남이 자신에게 마음 상하는 말을 할 때 상한 감정을 드러내기보다는 지혜롭게 처신해야 한다고 생각합니다.

4. 교사의 쉬우르

사람들은 흔히 외적인 것으로 내적인 것을 평가하는 경우가 많습니다. 말하자면 외모로 사람의 가치를 평가하는 경우가 그렇습니다. 외모가 호감을 준다면 당연히 좋지만 외모는 타고 나는 것이기 때문에 쉽게 바꿀 수 없습니다. 그러면 우리는 어떻게 하면 좋을까요?

어떤 이는 "40대가 되면 자신의 얼굴에 책임을 져라" 라는 말도 합니다. 긍정적인 마음으로 친구를 대하는 사람은 어느덧 습관이 되어 따뜻한 미소와 친절한 말로 대할 것입니다. 그런 경우 친절과 웃음이 외모에 고스란히 나타납니다.

내면의 아름다움을 가꾸기 위해서는 우리 자신을 신뢰하고 긍정적인 생각을 해야 합니다. 마찬가지로 남을 대할 때도 단지 외모로서 사람을 평가하지 말고 내면의 아름다움을 볼 수 있어야 합니다. 이 이야기 속에 공주는 랍비의 못생긴 얼굴을 보고 현명한 랍비를 가벼이 여겼습니다. 랍비는 어떤 지혜를 발휘해서 공주에게 교훈을 주었을까요? 랍비는 사람을 외모로 판단하는 공주에게 직설적인 말로 하지 않고 지혜를 발휘합니다. 그는 바로 궁중의 술이 보통 항아리나 주병에 담긴다는 것을 착안했습니다. 술이란 금이나 은그릇이 아니라 항아리나 주병에 담아야 좋은 맛이 나기 때문입니다.

랍비가 "아름다운 공주님께서 금그릇이나 은그릇이 많을 텐데 어째서 술을 보잘것없는 항아리에 담아 두시나요?" 라고 물었을 때 공주는 그것이 무슨 뜻인지 몰랐습니다. 공주는 바로 술을 금그릇이나 은그릇에 옮기게 되었고 그 술은 금세 맛이 변하게 되었습니다.

왕이 변해버린 술을 보고 호통을 쳤을 때 그제서야 공주는 술맛을 위해 아름답고 멋진 그릇이 필요 없다는 것을 알게 되었습니다. 마찬가지로 지혜와 현명함도 반드시 아름다운 외모가 필요하지 않다는 것을 깨달았습니다.

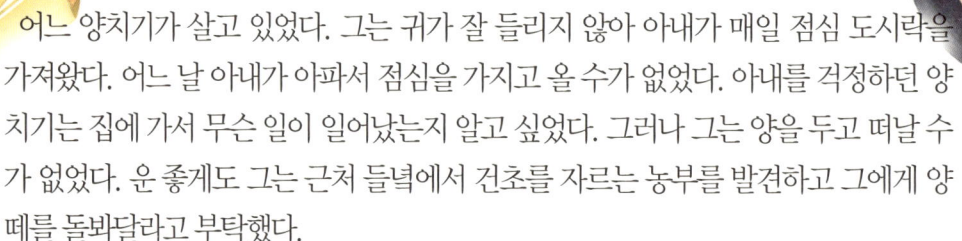

하브루타 독서스쿨 레벨 4-2

양치기와 농부

　어느 양치기가 살고 있었다. 그는 귀가 잘 들리지 않아 아내가 매일 점심 도시락을 가져왔다. 어느 날 아내가 아파서 점심을 가지고 올 수가 없었다. 아내를 걱정하던 양치기는 집에 가서 무슨 일이 일어났는지 알고 싶었다. 그러나 그는 양을 두고 떠날 수가 없었다. 운 좋게도 그는 근처 들녘에서 건초를 자르는 농부를 발견하고 그에게 양 떼를 돌봐달라고 부탁했다.

　그러나 그 농부도 귀가 잘 들리지 않았다. 그는 양치기의 몸짓을 보고 그가 양을 돌봐주기를 원하는 것을 알았다. 하지만 수 백 마리의 양을 어떻게 먹일 것인가? 게다가 그 건초는 자기 것이 아니어서 줄 수 없었다. 그래서 그는 손사래를 치며 거절했다.

　그러나 양치기는 농부의 몸짓을 흔쾌히 수락하는 것으로 잘못 이해했다. 양치기는 집으로 가서 아내를 돌보고 먹을 것을 가지고 다시 들판으로 되돌아왔다. 양치기는 모든 일이 잘 돌아가는 것을 보고 그 농부에게 보상을 하고 싶었다. 그는 절름발이지만 살진 양 한 마리를 농부에게 주었다. 그 양은 양치기에게 기르기 어렵지만 농부에게는 아주 큰 값어치가 있는 것이었다.

　그러나 농부는 귀가 들리지 않기 때문에 양치기의 제안을 자신이 그 양을 다치게 해서 비난하는 것으로 오해했다. 농부는 더 과격한 몸짓으로 자신이 그렇게 한 것이 아니라고 방어하기 시작했다. 양치기는 농부가 선물을 겸손하게 거절하는 것이라고 생각하고 다시 한 번 제안을 받아들일 것을 주장했다. 농부는 더 과격해져서 양치기를 한 대 치고 말았다. 결국 그들은 서로 소통이 잘 안 되어 이 모든 일이 일어난 것이라는 것을 깨달았다.

　그때 마침 말을 타고 지나가던 사람이 길 옆에서 말에게 풀을 먹이고 있었다. 양치기와 농부는 도움을 청하기 위해 그에게 달려갔다. 그들은 자신의 입장에서만 말하기 시작했다. 그러나 말을 끄는 사람도 귀에 문제가 있었다. 두 사람이 그의 말을 과격하게 잡아당기는 것을 보고 그는 그들이 그 말의 주인이며 그가 빼앗아 간 것이라고 비난하는 것으로 생각했다. 결국 그도 말에서 뛰어내려 도망가 버렸다.

1. 내용·사실 질문 예시

1) 귀가 잘 들리지 않는 양치기에게 매일 점심 도시락을 가져다준 사람은 누구일까요?
2) 매일 점심 도시락을 가져오던 아내가 오지 못한 이유는 무엇일까요?
3) 양치기는 누구를 발견하고 그에게 양 떼를 돌봐 달라고 부탁했나요?
4) 농부가 양치기의 부탁을 거절한 이유는 무엇일까요?
5) 양치기는 농부에게 보상하고 싶어 무엇을 주었나요?
6) 농부에게 보상하려던 양의 상태는 어떠했나요?
7) 농부가 더 과격한 몸짓으로 자신이 그렇게 한 것이 아니라고 방어하자 양치기는 어떻게 생각했나요?
8) 농부와 양치기는 결국 이 모든 일이 왜 일어났는지 깨달았는데 그 이유는 무엇일까요?
9) 양치기와 농부가 도움을 청하기 위해 달려간 사람에게는 어디에 문제가 있었나요?
10) 말을 끄는 사람은 양치기와 농부가 그의 말을 과격하게 잡아당기는 것을 보고 어떻게 생각해서 도망가 버렸나요?

2. 심화·상상 질문 예시

1) 농부에게 양을 보상으로 주려고 하다가 오히려 한 대 맞았을 때 양치기는 어떤 기분이 들었을까요?
2) 농부가 양치기의 제안을 자신이 양을 다치게 해서 비난받는 것이라고 오해한 이유는 무엇일까요?
3) 서로 소통이 안 되었다는 것을 깨달은 농부와 양치기는 말을 타고 지나가던 사람에게 어떤 도움을 요청하고 싶었을까요?
4) 양치기와 농부는 도움을 청하기 위해 말을 탄 사람에게 가서 왜 그 사람의 말을 과격하게 잡아당겼을까요?
5) 말을 끄는 사람은 두 사람이 그의 말을 과격하게 잡아당기는 것을 보고 어떤 느낌이 들었을까요?

3. 3단계 해석하기 예시

1) 저는 이 이야기가 오해가 일어날 수 있는 상황에서는 차라리 긍정적으로 해석하는 것이 낫다는 것을 말한다고 생각합니다.

제가 그렇게 생각한 이유는 양치기가 집에 다녀온 후 농부에게 보상하고 싶어서 절름발이지만 살진 양 한 마리를 농부에게 주었는데 농부가 오해를 한 부분 때문입니다. 농부가 상황을 부정적으로 해석해서 문제가 커졌으므로 만약 긍정적으로 해석했다면 과격하게 대처하지 않았을 것입니다.

그래서 저는 오해를 할 바에는 차라리 긍정적으로 해석하는 것이 낫다고 생각하게 되었습니다.

2) 저는 이 이야기가 상대방에게 보상을 할 때 최상의 것을 주라는 것을 말한다고 생각해요.

제가 그렇게 생각한 이유는 양치기가 농부를 위한 보상으로 살진 절름발이 양 한 마리를 주었는데 농부는 자신이 양을 다치게 해서 비난받는다고 오해한 부분 때문입니다.

그래서 저는 상대방에게 보상을 할 때 최상의 것을 주어야 오해를 줄일 수 있다고 생각하게 되었습니다.

3) 저는 이 이야기가 겉으로 드러나는 행동만 보고 판단하면 오해가 생길 수 있다는 것을 말한다고 생각해요.

제가 그렇게 생각한 이유는 양치기, 농부, 말 타던 사람 모두 몸짓과 행동만 보고 잘못 판단하여 오해를 일으켰기 때문입니다.

그래서 저는 이 이야기를 통해 겉으로 드러나는 행동만 보고 판단하면 오해가 생길 수 있다고 생각하게 되었습니다.

4. 교사의 쉬우르

이 이야기에는 공통적으로 귀가 잘 들리지 않은 세 사람, 양치기와 농부와 말 탄 사람이 나옵니다. 귀가 잘 들리지 않는다는 것은 무엇을 상징하는 것일까요? 물론 실제로도 귀가 들리지 않는다는 것을 뜻하지만 다른 이들의 말을 잘못 이해한다는 뜻도 됩니다.

한 편의 코미디처럼 보이는 이 이야기는 모든 이들이 서로의 말귀를 못 알아듣는 것이 특징입니다. 귀가 들리지 않은 양치기는 아내의 소식이 궁금해서 주변에서 건초를 자르는 농부에게 가서 자신의 양을 돌봐주기를 원했습니다. 양치기는 손사래를 친 농부의 몸짓을 흔쾌히 수락한 것으로 이해했습니다.

농부는 양치기의 양을 잘 돌보았을까요? 아내가 잘 있는 것을 확인하고 돌아온 양치기는 모든 것이 순조롭게 돌아가는 것을 보며 농부에게 보상을 하고 싶었습니다. 양치기에게는 기르기 어려운 양 한 마리를 농부에게 선물했습니다. 그런데 그 양은 살진 양이었지만 절름발이었습니다. 양을 보상으로 주고자 하는 과정에서 또 오해가 생겼습니다. 양치기는 절름발이 양을 선물로 주고 싶었지만 농부는 양치기가 절름발이 양을 다치게 했다며 비난하는 줄 알았던 것입니다. 작은 오해는 큰 싸움이 되기도 합니다. 두 사람은 서로 다툼 끝에 상해를 입히고 맙니다.

소통의 부재는 다른 어려움을 만들기도 합니다. 두 사람은 말을 타고 길을 가던 사람에게 도움을 청하기 위해 달려갔지만 말을 탄 사람도 귀에 문제가 있어 그것을 이해하지 못했습니다. 그는 두 사람이 말의 주인이며 그가 빼앗아 간 것이라며 항의하러 온 것이라고 생각하여 줄행랑을 치게 됩니다.

이 이야기에서는 그 누구도 상대를 이해해 보려고 노력하지 않고 자신의 생각대로만 판단하는 것을 볼 수 있습니다. 누군가 '왜 그런지' 질문이라도 던졌으면 얼마나 좋았을까요? 올바른 소통을 위해서는 상대방의 입장에서 생각해 보고 질문하는 자세를 가져야 합니다.

하브루타 독서스쿨 레벨 4-3

뺨 맞은 사람

　참된 진리가 무엇인지에 대해 고심하던 한 남자가 아주 먼 마을에 사는 유명한 현자를 찾아가기로 결심했다. 길고 고된 여행 끝에 마침내 그곳에 도착한 그 남자는 어떻게 해야 그 유명한 현자를 만날 수 있는지 묻고 다녔다. 그러자 마을 주민들은 코웃음을 쳤다.
　"그는 거의 20년 전부터 은거하고 있다오. 그가 무엇 하러 당신같이 수상한 외지인을 만나주겠소?"
　그러나 구도자는 포기하지 않았다. 그는 현자의 제자들이 지쳐서 스승의 방에 들여보내 줄 때까지 끈질기게 기다렸다. 방에 들어가자 공부를 하고 있던 현자는 고개를 들어 그를 보았다. 그때 그가 말했다.
　"위대한 스승이시여. 오랫동안 저를 괴롭혀 온 의문에 대한 답을 얻고자 이 먼 길을 왔습니다. 저는 당신의 지혜 속에서 그 답을 구하고자 합니다."
　그러자 현자는 친절하게 물었다. "그래. 무엇이 그리 궁금하신가?"
　때는 이때다 싶어 그가 현자에게 물었다. "무엇이 참된 진리입니까?"
　질문을 들은 현자는 그를 지그시 바라보더니, 가까이 다가가서 뺨을 후려쳤다. 화가 나고 어이가 없어진 남자는 근처 술집에 들러 울분을 달랬다. 그러자 그 마을의 한 젊은이가 다가와 무엇 때문에 이리도 술을 많이 마시느냐고 물었다. 그간의 이야기를 다 듣고 난 젊은이는 곰곰이 생각하더니 이렇게 말했다.
　"아시겠지만, 아무 이유 없이 그러실 분이 아닙니다. 분명히 뭔가 이유가 있을 겁니다."
　그때 마침 테이블 주위에서 이야기를 듣고 있던 현자의 한 제자가 대화에 끼어들었다.
　"스승님이 뺨을 때려 주셨기에 당신은 비로소 알게 되었잖소. '절대 훌륭한 질문과 대답을 바꾸려 해서는 안 된다'는 것을 말이오."

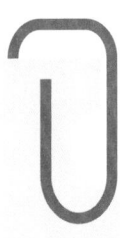

1. 내용 · 사실 질문 예시

1) 참된 진리가 무엇인지 고심하던 한 남자는 누구를 찾아가기로 결심했을까요?
2) 길고 고된 여행 끝에 현자가 사는 마을에 도착한 구도자는 무엇에 대해 묻고 다녔나요?
3) 어떻게 해야 그 유명한 현자를 만날 수 있는지 묻고 다니는 구도자에게 그 마을 주민들은 무엇이라 말하면서 코웃음을 쳤나요?
4) 구도자가 현자의 방에 들어갔을 때 현자는 무엇을 하고 있었나요?
5) 구도자는 현자에게 어떤 말을 했나요?
6) 구도자의 말을 들은 현자는 그를 지그시 바라보다가 어떤 행동을 했나요?
7) 현자에게 뺨을 맞은 구도자는 어디에 가서 울분을 달랬나요?
8) 구도자와 젊은이가 이야기하고 있었을 때 마침 테이블 주위에서 이야기를 듣고 있던 사람은 누구였을까요?
9) 이야기를 듣고 있던 현자의 한 제자가 대화에 끼어 들어서 어떤 말을 했나요?
10) 현자의 한 제자는 구도자에게 절대 무엇과 대답을 바꾸려 해서는 안 된다는 것을 알려 주었나요?

2. 심화 · 상상 질문 예시

1) 구도자가 참된 진리에 대해 그토록 고심한 이유는 무엇일까요?
2) 구도자는 어떤 심정으로 현자를 기다렸을까요?
3) 현자의 지혜 속에서 참된 진리를 찾고자 한 구도자의 뺨을 후려친 현자의 의도는 무엇일까요?
4) 어렵고 고된 길 끝에 마주한 현자에게 뺨을 맞았을 때 구도자의 심정은 어떠했을까요?
5) 테이블 주위에서 이야기를 듣고 있다가 대화에 끼어들어 구도자에게 말을 해준 현자의 제자는 어떤 심정이었을까요?

3. 3단계 해석하기 예시

1) 저는 이 이야기가 진리에 대한 깨달음을 얻기 위해서는 다른 사람으로부터 구하기 전에 자신에 대한 성찰이 우선되어야 한다고 말하는 것 같습니다.

그 근거로는 현자는 20년 전부터 은거 생활을 했다는 부분과 절대 훌륭한 질문과 대답을 바꾸려 해서는 안 된다는 부분입니다. 현자는 진리에 대한 깨달음을 위해 은거 생활을 했을 것이며 훌륭한 질문을 마음에 담고 자신에 대한 성찰을 해 왔을 것이기 때문입니다.

그래서 저는 참된 진리를 얻기 위한 질문의 답은 다른 사람에게서 구하기 전에 스스로 성찰하는 것이 우선되어야 한다고 생각하게 되었습니다.

2) 저는 이 이야기가 좋은 질문이 이끄는 삶의 여정에 대해 말해 준다고 생각했습니다.

제가 그렇게 생각한 이유는 구도자가 삶의 진리에 대한 오랜 고민 끝에 고생해서 현자를 만나러 갔기 때문입니다. 그 과정에서 마을 사람의 비웃음을 겪으며 현자를 끈질기게 기다려 만났지만 뺨을 맞고 술집에서 만난 제자의 말을 통해 깨달음을 얻게 되었기 때문입니다.

그래서 저는 자신에게 훌륭한 질문을 끊임없이 하다 보면 그 질문의 여정 속에서 깨달음과 교훈을 얻게 된다고 생각하게 되었습니다.

3) 저는 이 이야기가 참된 진리에 대한 답은 질문으로부터 나온다는 것을 말한다고 생각합니다.

제가 그렇게 생각한 이유는 구도자가 무엇이 참된 진리냐고 질문한 부분과 술집에서 현자의 제자가 훌륭한 질문과 대답을 바꾸려고 하지 말라고 한 부분 때문입니다. 결국 궁금한 것을 질문할 때 답에 다가가게 되는 것입니다.

그래서 저는 이 이야기를 통해 참된 진리는 질문함으로써 그 답에 다가갈 수 있다고 생각하게 되었습니다.

4. 교사의 쉬우르

이 이야기에는 진리를 찾고 싶은 사람이 등장합니다. 진리에 대한 호기심과 궁금증은 기필코 답을 찾아야겠다는 열망으로 이어집니다. 그런데 어떤 경우 정답을 알아내는 것보다 중요한 것은 질문을 계속 품고 있는 것입니다. 왜냐하면 정답을 찾는 것보다 그것을 생각하는 과정이 더 중요하기 때문입니다.

예를 들어 우리가 어느 날 중요한 열쇠를 잃어버렸다고 가정해 봅시다. 열쇠를 분실했다고 깨닫는 순간 어떤 일이 일어날까요? 아마도 우리의 머릿속은 온통 열쇠에 대한 생각으로 가득할 겁니다. '어디서 잃어버렸지?' '내가 어느 장소에 갔더라?' '가족에게 물어봐야 하나?' '돌아온 장소를 다시 가볼까?' 하나의 문제를 해결하기 위해 우리의 뇌는 끊임없이 생각합니다. 하지만 만일 그렇게 원하던 열쇠를 찾았다고 가정해 봅시다. 그 다음은 어떻게 될까요? 아마도 그 열쇠에 대한 생각을 까맣게 잊어버리고 다른 일에 신경을 쓰게 될 것입니다.

진리를 찾는 질문에 대해서도 마찬가지입니다. 만일 현명한 랍비가 진리에 대해 그럴싸한 대답을 해주었다면 그는 순간 진리를 찾았다는 기쁨을 가질 수 있지만 쉽게 잊어버릴 수 있습니다.

현명한 랍비가 뺨을 후려친 이유는 첫째로 '좋은 질문'을 '좋은 대답'으로 바꾸고 싶어 하는 사람을 꾸짖기 위한 것이었습니다. 둘째로 뺨을 치는 행위를 통해 진리에 대해 질문하는 자세를 잊어버리지 않도록 하기 위한 것이었습니다. 질문을 계속 품고 더 나은 답을 찾도록 동기를 부여하기 위한 것이었습니다.

마찬가지로 우리도 삶 속에서 정답만을 찾지 말고 질문하는 자세를 꾸준히 가져야 합니다. 왜냐하면 곧바로 정답을 찾는 것보다 질문을 통해 더 나은 해답을 찾아가는 과정이 중요하기 때문입니다. 현명한 랍비의 제자는 이미 그것을 잘 알고 있었습니다.

하브루타 독서스쿨 레벨 4-4

나무를 심는 이유

어느 날 하드리안의 왕이 산책을 하다가 한 노인이 땅에 무화과나무를 심는 모습을 보고 말을 걸었다.

"여보게, 그대가 젊었을 때 열심히 일했다면 지금 이렇게 나이가 들어서 고생하지 않아도 되지 않나?"

노인이 대답했다.

"저는 젊었을 때도 지금처럼 열심히 일했습니다. 이렇게 나무를 심는 것은 하나님이 내려주신 은총을 부끄럽지 않게 하기 위해서입니다."

왕이 물었다. "그대는 올해 몇 살인가?"

노인이 대답했다. "백 살입니다."

왕이 말했다. "백 살이라! 그 나이에 이렇게 땅을 파고 나무를 심는단 말인가?"

이번에는 노인이 왕에게 물었다.

"전하도 이 나무의 열매를 드시고 싶으십니까?"

왕이 대답했다. "내가 그 나이가 될 때까지 살아있다면 먹을 수 있겠지!"

왕의 말에 노인이 다시 말했다.

"만약 그렇게 되지 않더라도 제 부모가 그랬듯이 저 또한 열매를 자식에게 남겨 주겠습니다."

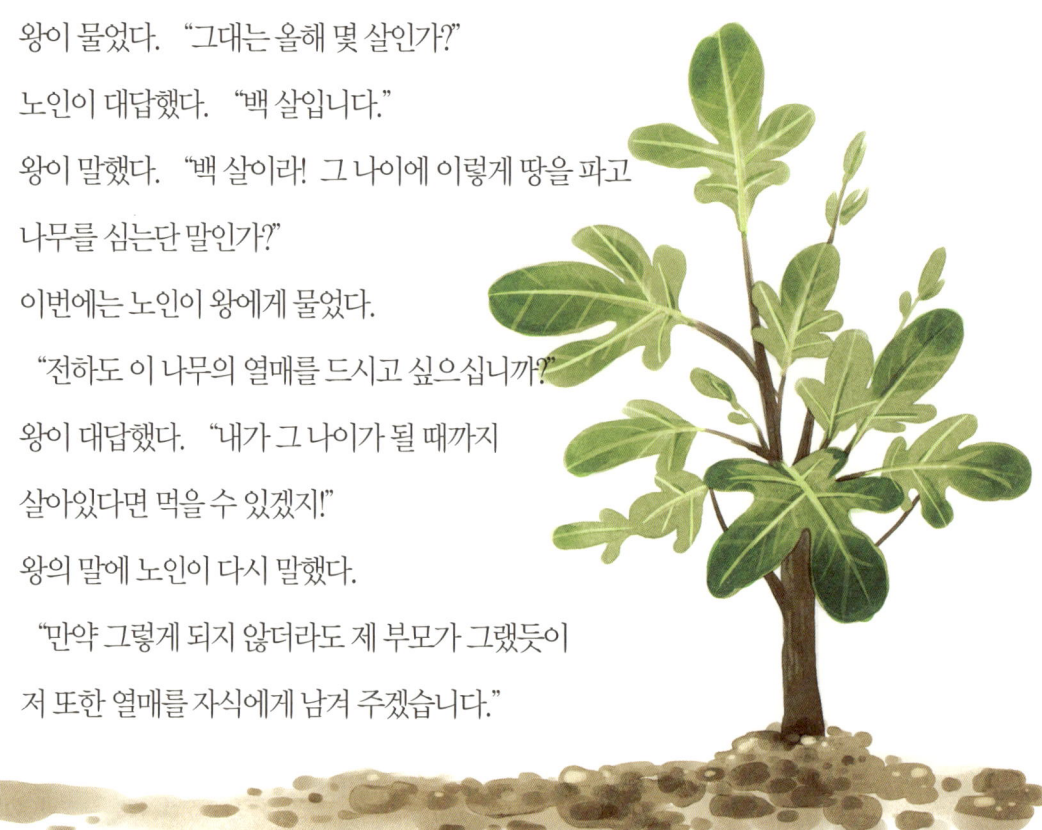

1. 내용·사실 질문 예시

1) 하드리안의 왕은 산책하다가 누구를 보았을까요?
2) 왕이 산책을 하다가 말을 건 노인은 무엇을 하고 있었나요?
3) 왕은 한 노인을 보고 어떤 말을 걸었나요?
4) 왕은 노인에게 젊었을 때 열심히 일했다면 지금 어떻게 되었을 것이라고 말했나요?
5) 노인은 젊었을 때 어떻게 일했을까요?
6) 노인은 나이가 들어서도 나무를 심는 이유에 대해 무엇이라고 대답했나요?
7) 노인의 나이는 몇 살인가요?
8) 노인의 나이가 백 살이라는 대답을 듣자 왕은 무엇이라고 말했나요?
9) "전하도 이 나무의 열매를 드시고 싶으십니까?"라는 노인의 질문에 왕은 무엇이라고 대답했을까요?
10) 노인은 누구를 본받아 열매를 자식에게 남겨주려고 했나요?

2. 심화·상상 질문 예시

1) 하드리안의 왕이 노인에게 젊었을 때 열심히 일했다면 나이가 들어 고생하지 않아도 되지 않느냐고 물은 의도는 무엇일까요?
2) 노인과의 대화를 통해 왕은 무엇을 깨달았을까요?
3) 내 부모가 그랬듯이 하며 부모를 떠올리는 노인의 마음은 어떠했을까요?
4) 노인이 왕에게 이 나무의 열매를 드시고 싶으시냐고 물어본 의도는 무엇일까요?
5) 자신이 먹을 수 없더라도 자식에게 남겨주겠다는 노인의 말을 들은 왕은 어떤 기분이었을까요?

3. 3단계 해석하기 예시

1) 저는 이 이야기가 우리에게 선행의 열매는 반드시 내가 거두지 않아도 된다는 것을 말한다고 생각해요.

제가 그렇게 생각하는 근거는 "만약 그렇게 되지 않더라도 제 부모가 그랬듯이 저 또한 열매를 자식에게 남겨주겠습니다"라는 부분입니다. 노인이 나무를 심는 이유(선행하는 이유)는 그 열매를 꼭 자신이 먹기 위함이 아니라 자식 또는 다른 누군가가 좋은 열매(영향력)를 얻게 될 것을 믿고 있기 때문입니다.

그래서 저는 선행의 열매를 내가 직접 거두지 않더라도 다른 사람에게 선행을 베풀어야 한다고 생각하게 되었습니다.

2) 저는 이 이야기가 친구(독자)들에게 노동에서 내재적 목적의 중요성을 말한다고 생각해요.

제가 그렇게 생각한 이유는 왕은 생계를 위한 수단(외재적 목적)으로 일을 이야기했지만, 노인은 일을 하나님이 내려주신 은총을 부끄럽지 않게 하는 것(내재적 목적)으로 이야기했기 때문입니다.

그래서 저는 내가 하는 일에서도 내재적 목적을 찾는 것이 중요하다고 생각하게 되었습니다.

3) 저는 이 이야기가 좋은 질문이란 어떠해야 하는가에 대해서 말한다고 생각합니다.

제가 그렇게 생각한 이유는 왕이 노인에게 질문한 부분과 노인이 왕에게 질문한 부분 때문입니다. 왕은 자기의 방식대로 평가하는 듯한 질문을 던졌고 노인은 왕에게 스스로 생각할 수 있는 질문을 던졌습니다.

그래서 저는 좋은 질문이란 자신의 방식대로 해석하거나 의도하는 질문이 아닌 스스로 생각할 수 있게 만들어 주는 것이라고 생각하게 되었습니다.

4. 교사의 쉬우르

 이 이야기의 초반부는 젊었을 때 고생하지 않은 사람의 노후가 고생으로 이어진다는 것을 뜻하는 것으로 보입니다. 왜냐하면 노인이 무화과나무를 심는 것을 보자 왕이 가까이 가서 "그대가 젊었을 때 열심히 일했다면 지금 이렇게 나이가 들어서 고생하지 않아도 되지 않나?" 라고 말했기 때문입니다.

 하지만 노인은 분명히 젊은 시절 열심히 일했다고 고백합니다. 그런 다음 노인은 자신이 나무를 심는 이유에 대해 "하나님이 내려주신 은총을 부끄럽지 않게 하기 위해서입니다" 라고 말합니다. 하나님이 내려주신 은총을 부끄럽지 않게 하기 위해 나무를 심는다는 말뜻은 무엇일까요? 나무 심기와 하나님의 은총은 무슨 상관이 있을까요?

 일반적으로 '나무를 기르는 것'은 '교육'을 상징합니다. 한 나무가 열매를 맺기 위해서는 좋은 땅에 씨를 뿌리고, 잎이 나고, 줄기가 나기 위해 제때에 물과 거름을 주고 햇볕도 잘 들고 바람도 잘 통하게 해주어야 합니다. 온갖 정성을 들였을 때 비로소 건강한 열매를 맺을 수 있습니다.

 사람도 마찬가지입니다. 어린 아이가 장성한 어른이 되기까지 부모와 사회는 수많은 노력을 기울입니다. 여기서 노인이 나무 심는 것을 하나님의 은총과 연결짓는 이유는 우리가 얻은 자녀가 결국 하나님으로부터 온 자녀라는 것을 기억하기 위해서입니다. 그만큼 귀하게 얻은 자녀들에게 마치 나무를 키우듯 정성과 노력과 시간을 들여야 한다는 뜻입니다.

 교육을 흔히 '백년대계'라고 말합니다. 그것은 단지 몇 년 앞을 바라보고 단기적으로 계획하는 것이 아니라 백년을 내다보고 장기적으로 계획하고 이루어 가야 한다는 것을 뜻합니다. 노인은 왕에게 나무 심는 행위를 통해 그런 의미를 말하고 싶었던 것입니다.

하브루타 독서스쿨 레벨 5-1

병든 사자의 깨달음

옛날에 늙고 병든 사자가 있었다. 사자의 병은 온 몸에 퍼져 그의 정신을 혼미하게 했고 생명이 위태로워져서 언제 죽을지 알 수 없을 지경에 이르렀다.

사자가 병에 걸렸다는 소문에 천하의 모든 동물들이 병문안을 왔다. 그중 일부는 그의 병이 낫기를 바랐고, 일부는 그의 고통을 보고 즐겼으며, 또 다른 일부는 그의 권력을 손에 넣고 세상을 통치하고 싶어 했다.

사자의 병은 날로 깊어져 죽었는지 살았는지 알 수 없을 만큼 아무런 미동도 하지 못하게 되었다. 그러자 소는 뿔로 사자를 아프게 하여 사자의 남은 힘을 소모하게 했다.

암소는 발굽으로 사자를 마구 짓밟았고, 여우는 이빨로 사자의 귀를 물어뜯었다.

양은 꼬리로 사자의 콧수염을 간지럽히며 "사자는 도대체 언제 죽는 거야? 사자가 죽으면 그의 이름도 사라질까?"라며 비아냥거렸다. 그리고 수탉은 부리로 그의 눈과 이빨을 쪼아 댔다.

이때 사자의 영혼이 그의 육체로 돌아왔다. 그는 자신의 고통을 즐거워하는 동물들을 보고 이렇게 말했다.

"아니, 이럴 수가! 나를 받들던 신하들조차 대놓고 나를 멸시하는구나. 권력의 힘이 바닥에 떨어지니 친구도 적으로 변한다는 사실을 왜 이제야 알게 되었을까?"

1. 내용·사실 질문 예시

1) 사자의 병은 그를 어떤 지경에 이르도록 만들었을까요?
2) 사자가 병에 걸렸다는 소문에 누가 병문안을 왔나요?
3) 병문안 온 동물들은 크게 세 부류로 나뉘었는데, 각각 어떤 태도를 보였나요?
4) 사자가 아무런 미동도 하지 못하게 되자 소는 무엇으로 사자를 아프게 했나요?
5) 암소는 무엇으로 사자를 마구 짓밟았나요?
6) 여우는 아픈 사자에게 어떻게 했을까요?
7) 양은 어떤 말로 사자에게 비아냥거렸나요?
8) 수탉은 아픈 사자에게 어떻게 했을까요?
9) 사자는 자신의 고통을 즐거워하는 동물들을 보고 어떤 말을 했을까요?
10) 사자는 권력의 힘이 바닥에 떨어지니 친구도 무엇으로 변한다고 했을까요?

2. 심화·상상 질문 예시

1) 소, 암소, 양, 여우, 수탉은 어떤 이유로 사자를 괴롭혔을까요?
2) 양이 비아냥거렸을 때 사자는 어떤 기분이 들었을까요?
3) 사자의 영혼이 그의 육체로 돌아왔을 때 어떤 기분이 들었을까요?
4) 자신의 고통을 보고 즐거워하는 모습을 바라본 사자의 심정은 어떠했을까요?
5) "권력의 힘이 바닥에 떨어지니 친구도 적으로 변한다는 사실을 왜 이제야 알게 되었을까?"라고 말하며 사자는 어떤 것을 깨달았을까요?

3. 3단계 해석하기 예시

1) 저는 이 이야기가 영원한 권력은 없다는 것을 말한다고 생각합니다.
제가 그렇게 생각하는 근거는 "권력의 힘이 바닥에 떨어지니 친구도 적으로 변한다는 사실을 왜 이제야 알게 되었을까?" 입니다. 동물의 왕이라는 사자도 언젠가는 권력이 바닥에 떨어지고 영원하지 않다는 것을 볼 수 있기 때문입니다.
그래서 저는 영원한 권력은 없다는 것을 항상 염두에 두고 살라는 것으로 생각하게 되었습니다.

2) 저는 이 이야기가 권력으로 이루어진 관계는 오래가지 못한다는 것을 알려준다고 생각해요.
제가 그렇게 생각한 이유는 사자의 영혼이 그의 육체로 돌아왔을 때 사자가 했던 독백 부분 때문입니다. 사자는 자신을 받들었던 이들이 권력의 힘이 사라지자 적으로 변한다는 것을 알 수 있었습니다.
그래서 저는 이 이야기가 권력으로 맺어진 관계는 권력이 사라짐과 동시에 끝난다는 것을 말한다고 생각하게 되었습니다.

3) 저는 이 이야기가 친구(독자)들에게 진정 소중한 것을 놓치지 말라고 말한다고 생각해요.
제가 그렇게 생각한 이유는 사자가 늙고 병들었을 때 동물들이 자신을 괴롭히는 행동을 보게 된 부분과 사자의 영혼이 육체에 돌아왔을 때 사자가 하는 말 때문입니다. 자신에게 권력의 힘이 있을 때 소중한 친구를 사귀지 못한 후회가 느껴졌습니다.
그래서 저는 이 이야기가 소중한 것들을 지킬 수 있도록 노력하라는 것을 말한다고 생각하게 되었습니다.

4. 교사의 쉬우르

 이 이야기는 절대 권력의 최후를 보여주고 있습니다. 사자는 동물의 왕으로 잘 알려져 있습니다. 그러나 절대 권력을 가지고 있었던 사자가 병에 걸려 생명이 위태로운 지경에 놓였습니다.

 모든 동물들이 병문안을 왔을 때 그들의 목적은 다양했습니다. 어떤 동물은 사자의 병이 얼른 낫기를 바랐고, 어떤 동물은 사자가 아파하는 것을 마음속으로 즐겼으며, 또 어떤 동물은 사자가 없는 세상에서 어떻게 하면 권력을 손에 넣을까 고심했습니다. 사람도 마찬가지로 영향력 있는 사람을 대할 때 모두가 다른 목적을 가지고 있습니다. 어떤 이들은 상대가 진심으로 잘 되기를 바라는가 하면, 어떤 이들은 겉과 속이 다르게 행동하며, 어떤 이들은 상대가 가진 자리를 호시탐탐 노리기도 합니다.

 사자의 병이 깊어지면서 움직일 수 없게 되자 동물들은 본색을 드러내고 맙니다. 소는 뿔로 사자를 들이받아 아프게 해서 남은 힘마저 빼앗습니다. 암소는 발굽으로 사자를 짓밟고 여우는 사자의 귀를 이빨로 물어뜯었습니다. 언제나 허약해 보이던 양도 꼬리로 사자의 콧수염을 간지럽히는가 하면 심지어 수탉도 부리로 사자의 눈과 이빨을 쪼아대기까지 했습니다.

 건강했을 때 사자는 어떤 모습이었을까요? 동물의 왕국에서 자신의 막강한 힘을 가지고 다른 동물들을 두렵게 했을까요? 아니면 어려운 형편에 놓인 다른 동물을 보호하고 지켜주었을까요? 이 이야기는 절대 권력을 가진 사자의 최후의 모습을 보여주면서 영향력을 가진 사람이 평소 다른 이들을 어떻게 대해야 하는지도 잘 암시하고 있습니다.

하브루타 독서스쿨 레벨 5-2

마법 사과

어떤 임금님에게 외동딸이 있었다. 어느 날 임금의 외동딸이 큰 병이 나서 자리에 눕게 되었다. 의사는 세상에 둘도 없는 신통한 약을 먹이지 않는 한 살아날 가망이 없다고 했다. 그래서 고심하던 임금님은 딸의 병을 고쳐주는 사람을 사위로 삼는 것은 물론 다음 임금의 자리까지 물려주겠다고 포고문을 붙였다.

당시 아주 외딴 시골에 삼형제가 살고 있었는데, 그 가운데 맏이가 망원경으로 그 포고문을 보게 되었다. 그래서 삼형제는 그 사정을 딱하게 여겨 임금님 외동딸의 병을 고쳐보자고 의논했다. 삼형제 중 둘째는 마법의 융단을 가지고 있었고, 막내인 셋째는 마법의 사과를 가지고 있었다. 마법 융단은 아무리 먼 곳이라도 주문만 외면 잠깐 사이에 날아갈 수 있고, 마법 사과는 먹기만 하면 어떤 병이고 감쪽같이 낫는 신통력이 있었다.

이들 삼형제가 함께 서둘러 마법 융단을 타고 궁전에 도착하여, 공주한테 마법 사과를 먹게 하자 공주의 병은 정말 신통하게도 말끔히 낫게 되었다. 온 백성들은 거리로 쏟아져 나와 기뻐했으며, 임금님은 큰 잔치를 벌이고 사위이자 다음번 임금님이 될 사람을 발표하기로 했다.

그러나 삼형제는 서로 의견이 달랐다. 이 중 큰형이 "만일 내 망원경으로 포고문을 보지 못했다면 우리는 공주가 병으로 누운 사실도 몰랐을 거야"라고 주장했다. 그러자 둘째는 "만일 날아다니는 내 양탄자가 없었다면 이 먼 곳까지 어떻게 왔겠느냐?"고 했다. 셋째는 "내 마법 사과가 없었다면 공주의 병을 고칠 수 없었다."고 주장했다. 임금님은 삼형제 중 막내를 사위로 맞아들이기로 결정했다.

1. 내용·사실 질문 예시

1) 임금님에게 자녀는 몇 명 있었을까요?
2) 외동딸은 왜 자리에 눕게 되었나요?
3) 의사는 큰 병이 난 공주에게 무엇을 먹여야 살아날 가망이 있다고 했을까요?
4) 임금은 딸의 병을 고쳐주는 사람에게 어떤 보상을 주겠다고 했나요?
5) 아주 외딴 시골에 살고 있던 삼형제는 각각 무엇을 가지고 있었나요?
6) 맏이는 망원경으로 무엇을 보았나요?
7) 둘째가 가진 마법 융단의 기능은 무엇인가요?
8) 셋째의 마법 사과는 어떤 신통력이 있었나요?
9) 임금이 다음 임금될 사람을 발표하기로 하자, 삼형제의 의견은 서로 달라졌는데 이 중 큰형은 무엇이라고 주장했나요?
10) 임금님은 삼형제 중 누구를 사위로 맞아들이기로 정했나요?

2. 심화·상상 질문 예시

1) 의사로부터 딸이 큰 병에 걸려 세상에 둘도 없는 약을 먹어야 한다는 이야기를 들었을 때 아버지인 임금의 심정은 어떠했을까요?
2) 삼형제는 처음에 공주의 사정을 딱하게 여겨 병을 고쳐보자고 의논했는데 나중에는 왜 서로 의견이 달라졌을까요?
3) 막내는 어떤 심정으로 세상에 둘도 없는 마법 사과를 공주에게 주었을까요?
4) 삼형제가 서로 의견이 달라졌을 때 그들의 심정은 어떠했을까요?
5) 임금님이 삼형제 중 막내를 사위로 결정한 이유는 무엇 때문일까요?

3. 3단계 해석하기 예시

1) 저는 이 이야기가 지도자에게 가장 필요한 덕목을 말한다고 생각해요.
  제가 그렇게 생각한 이유는 다음과 같습니다. 임금님이 딸의 병을 고쳐주는 사람을 사위로 삼고 다음 임금의 자리까지 물려주겠다고 한 부분과 가장 소중한 것을 내어준 막내를 사위로 택한 부분입니다. 임금님은 아픈 공주를 위해 자신에게 가장 값진 마법 사과를 내어준 막내에게 한 개인으로서의 성품도 보았지만, 지도자에게 가장 중요한 덕목인 이타적 사랑을 발견했기 때문입니다.
  그래서 저는 지도자에게 가장 중요한 덕목은 이타적 사랑이라고 생각하게 되었습니다.

2) 저는 이 이야기가 지도자에게 가장 중요한 마음가짐이 무엇인가에 대해 말한다고 생각해요.
  제가 그렇게 생각한 이유는 딸을 고쳐주는 사람을 사위로 삼고 왕의 자리까지 물려주겠다고 한 포고문의 내용과 삼형제 중 딸의 병을 고쳐준 막내를 사위로 맞았던 부분 때문입니다. 멀리 내다보는 능력이나 가까이 다가가는 자세도 필요하지만 자신의 것을 다 내어주며 헌신하는 마음가짐이 중요하다고 생각합니다.
  그래서 저는 지도자에게 가장 중요한 것은 헌신하고 섬기는 마음가짐이라고 생각하게 되었습니다.

3) 이 이야기는 큰 것을 얻으려면 나에게 가장 소중한 것도 내어줄 수 있는 용기가 있어야 한다는 것을 말하는 것 같습니다.
  제가 본문에서 찾은 근거는 두 가지입니다. 첫 번째는 임금님이 자신에게 가장 소중한 딸을 고치는 사람에게 자신이 가진 가장 큰 것인 나라를 물려주겠다고 한 부분입니다. 두 번째는 막내가 자신이 가지고 있던 유일한 마법 사과를 공주에게 내어주고 임금의 사위가 된 부분입니다.
  그래서 저는 이 이야기가 더 큰 것을 얻으려면 자신이 소중히 여기는 것을 희생할 수 있는 큰 용기가 필요함을 말한다고 생각하게 되었습니다.

4. 교사의 쉬우르

마법 사과 이야기는 한국인에게 많이 알려진 탈무드 이야기 중 하나입니다. 하지만 이야기의 진정한 의미는 많이 알려져 있지 않습니다. 대부분의 사람들이 왕의 사위나 배우자가 되기 위한 조건으로 모든 것을 바칠 수 있는 사람 정도로 이해하고 있습니다. 왜냐하면 망원경이나 마법 융단은 그대로 남았고 사과는 공주가 먹어서 없어졌기 때문입니다.

그런데 이 이야기는 왜 왕궁을 배경으로 지어졌을까요? 이 질문에 대한 답을 찾다보면 이 이야기가 결국 나라의 지도자가 되는 자격, 즉 리더십에 대한 이야기라는 것을 알 수 있습니다. 여기에 등장하는 상징들도 결국 리더십에 해당하는 덕목이라고 볼 수 있습니다.

첫째, 망원경은 지도자의 자질 중 '멀리 내다볼 수 있는 능력'을 상징합니다. 지도자는 자신을 따르는 사람들에게 '비전'을 제시할 수 있어야 합니다. 만일 현실에 안주하려 한다면 더 이상의 발전이 없을 것입니다.

둘째, 마법 융단은 지도자의 자질 중 따르는 사람들과 '함께 가는 자세'를 상징합니다. 아무리 좋은 비전과 미래를 제시한다고 하더라도 따르는 사람들과 고난과 역경에 함께하지 않는다면 올바른 지도자라고 할 수 없습니다.

셋째, 마법 사과는 지도자의 자질 중 가장 중요한 '헌신'을 상징합니다. 만일 지도자가 좋은 비전을 제시하고 함께 가더라도 자신의 가장 중요한 것을 내어주는 헌신이 없다면 존경받는 지도자라고 할 수 없습니다. 왕이 결국 사과를 내놓은 막내를 사윗감으로 삼은 이유는 무엇보다도 따르는 사람들을 위해 자신을 내어주는 헌신과 희생이 중요했기 때문입니다.

지도자가 되기 위해서는 따르는 사람들을 위해 미래에 대한 비전을 제시하고, 그들과 함께 고난과 역경에 동행하며, 자신의 소중한 것을 내어줄 수 있는 헌신과 희생의 정신을 가져야 합니다.

하브루타 독서스쿨 레벨 5-3

족제비의 고깃덩이

어떤 현명한 재판관이 있었다. 어느 날 시장 거리를 거닐던 그는 많은 장물들이 그곳에서 거래되고 있다는 사실을 알아냈다. 그는 많은 사람들과 도둑들에게 깨달음을 주기 위해 어떤 아이디어가 필요하다고 생각했다.

그는 족제비 한 마리에게 작은 고깃덩이 하나를 주었다. 그러자 족제비는 고깃덩이를 물고 곧 자신의 작은 굴로 가서 감추었다. 사람들은 족제비가 고깃덩이를 감춘 곳을 쉽게 알 수가 있었다.

재판관은 족제비의 작은 굴을 막아 버린 다음, 이번에는 더 큰 고깃덩이를 족제비에게 주었다. 그러자 족제비는 고깃덩이를 입에 문 채 재판관 앞으로 다시 돌아왔다. 족제비는 자신이 갖고 있는 고깃덩이를 처치할 수 없게 되자 그 고기를 주었던 사람에게 다시 가지고 돌아온 것이다.

이 광경을 지켜본 사람들은 시장으로 달려가 시장에 있는 물건들을 조사해 보고 자신들이 도둑맞은 물건들이 시장에서 팔리고 있다는 사실을 알게 되었다.

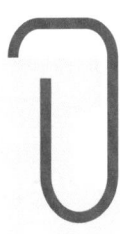

1. 내용 · 사실 질문 예시

1) 시장 거리를 어떤 재판관이 거닐었을까요?
2) 재판관은 시장 거리를 거닐다가 어떤 사실을 알게 되었나요?
3) 재판관은 누구에게 깨달음을 주려고 했나요?
4) 재판관이 어떤 아이디어가 필요하다고 생각한 이유는 무엇일까요?
5) 재판관은 많은 사람과 도둑들에게 깨달음을 주기 위해 어떤 동물을 택했나요?
6) 족제비는 고깃덩이를 물고 어디로 가서 감추었나요?
7) 재판관은 족제비의 굴을 막아버린 다음에 족제비에게 무엇을 주었나요?
8) 족제비는 더 큰 고깃덩이를 입에 문 채 누구 앞으로 왔을까요?
9) 족제비가 더 큰 고깃덩이를 주었던 재판관에게 다시 가지고 돌아온 이유는 무엇인가요?
10) 재판관 앞으로 다시 돌아온 족제비의 행동을 보고 사람들이 취한 행동은 무엇인가요?

2. 심화 · 상상 질문 예시

1) 재판관은 시장에서 많은 장물들이 거래되고 있는 것에 대해 사람들에게 왜 직접적으로 말해 주지 않았을까요?
2) 현명한 재판관이 많은 사람들과 도둑들에게 깨달음을 주기 위한 아이디어로 족제비를 택한 의도는 무엇일까요?
3) 재판관이 족제비의 굴을 막은 의도는 무엇일까요?
4) 사람들은 족제비가 고깃덩이를 감춘 곳을 어떻게 쉽게 알 수 있었을까요?
5) 도둑맞은 자신의 물건들이 시장에서 팔리고 있다는 사실을 알게 되었을 때 사람들의 기분은 어떠했을까요?

3. 3단계 해석하기 예시

 1) 저는 이 이야기가 독자들에게 때로는 직접 말로 전달하는 것보다 스스로 깨달을 수 있게 하는 것이 더 효과적이라는 것을 말한다고 생각합니다.
 제가 그렇게 생각한 이유는 재판관이 시장에서 많은 장물이 거래되고 있음을 알고도 사람들에게 직접 말하지 않고 족제비를 통해 그 사실을 깨닫게 했기 때문입니다.
 그래서 저는 직접 말해 주는 것보다 무엇인가를 통해 간접적으로 메시지를 전해 주는 것이 더 효과적일 수 있다고 생각하게 되었습니다.

 2) 저는 이 이야기를 통해 독자들에게 건전한 시장경제를 확립하기 위해서는 누군가의 지혜와 용기 있는 대처가 필요하다고 생각해요.
 제가 그렇게 생각한 이유는 시장의 장물 거래에 대해 재판관이 족제비를 동원하여 장물거래가 되고 있다는 것을 시장 사람들에게 알게 한 부분 때문입니다. 재판관의 지혜와 용기 있는 대처로 시장경제가 제대로 세워졌습니다.
 그래서 저는 이 이야기가 건전한 시장경제를 확립하기 위해서는 누군가의 지혜와 용기가 필요하다고 말해주고 있다고 생각합니다.

 3) 저는 이 이야기가 현명한 사람은 인간에 대한 신뢰가 있다는 것을 말한다고 생각합니다.
 제가 그렇게 생각한 이유는 재판관이 인간에게 선함을 회복할 수 있다는 믿음이 있어서 도둑을 바로 처벌하지 않고 기회를 주었기 때문입니다.
 그래서 저는 현명한 사람은 인간에 대한 신뢰가 있기 때문에 그 사람의 허물을 드러내기 전에 스스로 회복할 수 있는 기회를 준다고 생각하게 되었습니다.

4. 교사의 쉬우르

 이 이야기는 도둑질의 대명사로 알려진 '족제비' 이야기를 통해 장물 거래와 도둑질의 피해에 대해 잘 말해주고 있습니다. 족제비는 사로잡은 동물을 그 자리에서 먹지 않고 자신의 은신처에 가져가서 먹는 습성이 있습니다. 족제비는 민가에 몰래 들어와 고깃덩이나 음식물을 훔쳐가기도 합니다.

 사람들은 대개 어떤 물건을 헐값에 구입하기를 원합니다. 같은 물건이라 하더라도 값이 저렴하다면 그 물건을 구입하려고 합니다. 사람들의 그런 본성을 잘 확인할 수 있는 곳이 바로 중고 시장이나 장물 시장입니다. 그런데 자신이 쓰던 것을 내놓지 않고 남의 것을 훔쳐다 내놓는 일이 많이 발생한다면 어떤 일이 일어날까요?

 사람들은 제값을 주고 물건을 사지 않고 장물 시장을 통해 물건을 싸게 사려고 할 것입니다. 사람들이 남의 물건을 훔쳐서 장물 시장에 내다 팔아 이익을 얻으려고 할 것입니다. 그렇게 되면 세상은 온통 도둑질한 물건으로 가득차게 될 것입니다.

 현명한 재판관은 사람의 본성을 잘 알고 있었습니다. 족제비에게 고깃덩이를 물어가게 한 후 족제비 굴을 막아버렸을 때 감출 곳이 없었던 족제비는 고깃덩이를 다시 물고 왔습니다. 사람들은 이 모습을 보고 하나둘씩 깨닫기 시작했습니다.

 사람들이 타인의 물건을 훔쳐 내다 파는 장물 시장이 없어진다면 훔치는 일이 많이 줄어들 것입니다. 대부분의 악행은 남의 것을 탐하는 탐심에서 비롯됩니다. 현명한 재판관은 이것을 가장 크게 경계하고 있습니다. 그는 이웃 간에 벌어지는 도둑질을 근절하기 위해 사람들에게 경종을 울려주고 싶었던 것입니다.

머리가 된 뱀의 꼬리

뱀의 꼬리는 항상 머리 뒤에 붙어 다니며 화가 난 나머지, 머리에게 불만을 터뜨렸다.

"어째서 나는 항상 네 꽁무니만 따라다녀야 하고, 너는 항상 네 마음대로 나를 끌고 다닐 수 있는 거지? 이건 너무 불공평해."

그러자 머리가 당연하다는 듯이 대꾸했다.

"그게 무슨 말이야. 너에게는 앞을 볼 수 있는 눈도 없고, 위험을 알아차릴 귀도 없고, 행동을 결정할 두뇌도 없잖아. 결코 머리만을 위한 것이 아니라 다 너를 생각해서 끌고 다니는 거야."

꼬리가 큰 소리로 비웃으며 말했다.

"그런 말은 지겹도록 들었어. 폭군이나 독재자들도 자신을 따르는 자들을 위한다는 구실로 제멋대로 하는 거야."

그러자 머리는 하는 수 없다는 듯이 말했다.

"정 그렇다면 네가 한번 내가 하는 일을 대신 해보렴."

그러자 꼬리는 신이 나서 앞장서서 움직이기 시작했다. 얼마 안 가 뱀은 도랑에 빠졌다가 천신만고 끝에 도랑에서 기어 올라올 수 있었다.

또 얼마를 못 가 꼬리는 그만 가시덤불 속으로 들어가고 말았다. 가시덤불에서 빠져나오려고 애를 쓰면 쓸수록 점점 더 가시에 찔려 옴짝달싹할 수가 없었다. 이번에는 머리의 도움으로 간신히 가시덤불을 빠져나올 수 있었다.

또 다시 꼬리가 앞장서다가 이번에는 불길 속으로 들어가고 말았다. 점점 뜨거워지고 갑자기 앞이 캄캄해지자 뱀은 두려움에 떨기 시작했다. 필사적으로 탈출하려고 했지만 이번에는 이미 때가 늦었다. 몸도 불타고 머리도 불타버렸기 때문이다.

1. 내용·사실 질문 예시

1) 꼬리는 왜 머리에게 불공평하다고 했나요?
2) 머리에는 있고 꼬리에는 없는 것은 어떤 것들이 있나요?
3) 눈, 귀, 두뇌는 어떤 역할을 하나요?
4) 머리가 당연하다는 듯이 대꾸하는 것을 들은 꼬리는 무엇이라고 말했나요?
5) 꼬리는 앞장서서 움직이기 시작했을 때 어떤 기분이었을까요?
6) 꼬리가 앞장서서 움직이다가 처음에 빠진 곳은 어디인가요?
7) 꼬리가 두 번째로 빠진 곳은 어디인가요?
8) 가시덤불에 들어갔을 때 누구의 도움으로 나올 수 있었나요?
9) 불길 속에서 점점 뜨거워지고 앞이 캄캄해지자 뱀은 어떤 감정을 느껴 떨기 시작했나요?
10) 불길 속에 들어간 꼬리와 머리는 결국 어떻게 되었나요?

2. 심화·상상 질문 예시

1) 꼬리에게 "폭군이나 독재자들도 자신을 따르는 자들을 위한다는 구실로 제멋대로 하는 거야."라는 말을 들었을 때 머리의 기분은 어떠했을까요?
2) 머리는 어떤 의도로 꼬리에게 자신이 하는 일을 대신해 보라고 했을까요?
3) 가시덤불에서 머리의 도움으로 간신히 빠져나왔을 때 꼬리는 어떤 기분이 들었을까요?
4) 머리는 가시덤불을 빠져나왔을 때 왜 원래대로 자신이 앞장서지 않았을까요?
5) 불길 속에서 필사적으로 탈출하려고 했지만 이미 때늦은 상황이 되어버렸을 때 머리는 어떤 생각이 들었을까요?

3. 3단계 해석하기 예시

1) 저는 이 이야기가 각자의 역할에 대해 서로 인정해 주어야 한다는 것을 말한다고 생각해요.
　제가 그렇게 생각한 이유는 뱀의 꼬리가 자신의 역할을 잘 이해하지 못한 채 뱀의 머리 역할을 탐내어 뱀의 꼬리가 앞장서 가다가 결국 불타 죽었기 때문입니다.
　그래서 저는 각자의 역할에 대해 서로 존중해 주어야 한다고 생각하게 되었습니다.

2) 저는 이 이야기가 설득의 중요성에 대해서 말한다고 생각해요.
　제가 그렇게 생각하게 된 이유는 꼬리의 불평과 불만을 듣고 난 후 머리가 꼬리를 설득하지 못하고 머리의 역할을 꼬리에게 내줌으로써 결국 몸도 불타고 머리도 불타버렸기 때문입니다. 머리가 꼬리를 좀 더 적극적으로 설득했다면 역할이 바뀌지 않았을 것이고 불타지도 않았을 것입니다.
　그래서 저는 이 이야기가 설득의 중요성에 대해서 말한다고 생각하게 되었습니다.

3) 저는 이 이야기가 친구(독자)들에게 아집의 무서움을 보여준다고 생각합니다.
　제가 그렇게 생각하게 된 근거는 다음과 같습니다. 첫째, 꼬리가 머리에게 불공평하다고 불만을 터뜨리고 머리를 마치 폭군이나 독재자인 것처럼 말하며 큰소리로 비웃은 부분입니다. 둘째, 꼬리가 거듭된 실수를 했음에도 불구하고 원래대로 역할을 바꾸지 않아 결국 몸도 불타고 머리도 불타버렸기 때문입니다. 자기중심의 좁은 생각에 집착하여 자기 의견만 내세우게 되면 무서운 아집에 빠질 수 있다고 생각합니다.
　그래서 저는 아집을 버리지 않으면 모두가 매우 곤란한 상황에 처해진다고 생각하게 되었습니다.

4. 교사의 쉬우르

이 이야기는 한 공동체가 잘 유지되기 위해서 지도자는 어떤 덕목을 갖추어야 하며 추종자는 어떤 태도를 가져야 하는지 잘 보여주는 이야기입니다. 머리가 되는 사람과 몸통이나 꼬리가 되는 사람들은 조화를 이루어 살아야 합니다. 그러면 각각의 부분은 어떤 역할을 해야 할까요?

첫째, 머리가 되는 사람은 앞을 내다볼 수 있는 눈, 즉 '선견지명'이 있어야 합니다. 둘째, 머리가 되는 사람은 공동체가 어떤 위험에 처할지 알아차리는 귀, 즉 '분별력'이 있어야 합니다. 셋째, 머리가 되는 사람은 행동을 결정할 두뇌, 즉 '판단력'이 있어야 합니다.

그런데 이 이야기에서는 머리 스스로 그것을 주장하면서도 꼬리에게 머리의 자리를 내줌으로써 모든 것을 잃고 말았습니다. 꼬리가 머리가 되게 함으로써 선견지명이 없어졌으며, 어떤 위험에 처하게 될 것인지 알아차리는 분별력도 잃어버리고, 결국에 행동을 결정할 판단력까지도 잃어버렸습니다.

꼬리는 어떤 잘못을 했을까요? 꼬리는 스스로를 알지 못했습니다. 그야말로 앞을 내다볼 수 있는 눈과 위험을 알아차릴 수 있는 귀, 그리고 행동을 결정하는 두뇌도 없었습니다. 그럼에도 불구하고 불평이 많은 꼬리는 자신이 머리가 되고자 했습니다. 모든 것이 엉망이 되어버리고 뱀은 도랑에 빠졌다가 가시덤불에서 상처가 났으며 결국에는 불구덩이에 빠져 죽게 되었습니다.

사람들은 공동체에서 자신의 역할이 무엇인지를 알아차릴 수 있어야 합니다. 그래서 자신의 역할에 충실해야 하는 것이 기본입니다. 경륜이나 연륜에 걸맞지 않은 사람이 무조건 지도자의 자리를 원한다면 공동체에 해로운 일이 일어날 수 있습니다.

참고문헌

김보경(2015), 유대인 하브루타 학습의 이해와 정착을 위한 과제, 전주대학교
김보경(2019), 하브루타를 적용한 실천적 지식 학습 모형 개발, 전주대학교
라브 라우(2018), 피르케이 아보트, 변승복 감수, 하임출판사
마빈 토카이어(2017), 탈무드의 지혜, 현용수 편역, 동아일보
민형덕(2017), 학습자중심 질문수업이 비판적 사고성향, 창의적 문제해결 및 협력적 자기효능감에
　　　　　 미치는 효과, 목포대학교
아리스토텔레스(2013), 니코마코스 윤리학, 천병희 역, 숲
양동일(2014), 토론 탈무드, 매일경제출판사
엘리 홀저(2019), 엘리 홀저 워크숍 자료집
엘리 홀저·오릿 켄트(2019), 하브루타란 무엇인가?, 김진섭 번역, 도서출판D6
자크 데리다(2016), 아듀 레비나스, 문학과지성사
진보교육연구소 비고츠키교육학실천연구모임(2015), 관계의 교육학 비고츠키, 살림터

말하는 독서 하브루타 교사 가이드북

초판 1쇄 : 2021년 11월 1일

지은이 : 양동일, 진은혜, 이천하
펴낸이 : 양동일
펴낸곳 : (주)생각나무
그　림 : 송수은
등　록 : 2019년 9월 3일(No. 2019-000015호)
주　소 : 경기도 광명시 시청로 139, 106-1103
카　페 : http://cafe.naver.com/havrutaschool
전　화 : 02) 2625-5088
구입문의 : 010-8865-5828
팩　스 : 02) 2625-5088
이메일 : ydix409@naver.com
인쇄·제본 : 로지포스트 02)3664-0551

ISBN 979-11-968097-9-9
값 15,000원

이 책은 저작권법에 따라 보호받는 저작물이므로 무단전재와 무단복제를 금지하며, 이 책 내용의 전부 또는 일부를 이용하려면
저작권자와 ㈜생각나무의 서면동의를 받아야 합니다.